[英国]昆廷・斯金纳 著　李永毅 译

马基雅维里

牛津通识读本・

Machiavelli

A Very Short Introduction

译林出版社

图书在版编目（CIP）数据

马基雅维里／（英）斯金纳（Skinner, Q.）著；李永毅译．
南京：译林出版社，2014.11（2022.4重印）
（牛津通识读本）
书名原文：Machiavelli: A Very Short Introduction
ISBN 978-7-5447-4924-4

Ⅰ.①马… Ⅱ.①斯… ②李… Ⅲ.①马基雅维里，N.（1469～1527）
哲学思想－研究 Ⅳ.①B546

中国版本图书馆 CIP 数据核字（2014）第 182497 号

著作权合同登记号 图字：10-2020-573 号

马基雅维里 ［英国］昆廷·斯金纳 ／ 著 李永毅 ／ 译

责任编辑 何本国 陈 锐
责任印制 董 虎

原文出版 Oxford University Press, 2000
出版发行 译林出版社
地 址 南京市湖南路 1 号 A 楼
邮 箱 yilin@yilin.com
网 址 www.yilin.com
市场热线 025-86633278
排 版 南京展望文化发展有限公司
印 刷 江苏凤凰通达印刷有限公司
开 本 890 毫米 × 1260 毫米 1/32
印 张 7.375
插 页 4
版 次 2014 年 11 月第 1 版
印 次 2022 年 4 月第 7 次印刷
书 号 ISBN 978-7-5447-4924-4
定 价 39.00 元

序言

任剑涛

《马基雅维里》，是一本“大家”写“大家”的小书。

先说作者。昆廷·斯金纳堪称“大家”。他早就蜚声国际政治学界。评论者认为他是我们这个时代最值得阅读的十个作者之一。因为他在政治思想史、政治理论、时政评论等方面的贡献，有着显见的创新和独到的阐释，引起广泛的关注和评论。并且以他为核心，创立了政治思想史研究的剑桥学派，俨然在政治思想史研究上独辟蹊径、一开新风，堪称典范。在中国，斯金纳的盛名基本上限于专业学术圈。在政治思想史研究领域，研究者大有不认同剑桥学派，就归属施特劳斯学派的势头。但对读书界来讲，斯金纳还是需要隆重推出的大师级人物。

次说传主。马基雅维里声望隆盛，一般意义上的“大家”甚至难当其名，这似乎不必多说。但他一方面享有现代政治思想奠基者的声名，另一方面则饱尝邪恶导师的指责。到底马基雅维里应该以何种形象入史、以怎样的理论家面目示人，就成了一个问题。这也许是思想大家的趋同境遇：是大师，就得面对人们不断的重写，遭到不同趣味人士的理解或曲解，接受人们的崇敬礼赞或严厉指责。而斯金纳以大家眼光，重新书写马基雅维里，就是想为他蒙受的不白之冤，正本清源，还其真实面目。

“大家”写“大家”，似乎应该以如椽巨笔，写成皇皇巨著。

否则，就与作者和传主的身份地位不太相称。但斯金纳这本《马基雅维里》实在是一本小书。小书，是就其篇幅来讲的。不到十万字，就将开现代政治思想先河的大师“打发”掉了。这样的篇幅，对马基雅维里这样的思想家来说，实在是有些小得可怜了。斯金纳以这么小的篇幅评说马基雅维里，一者与作者的约稿方要求有关，二者也与他不惮其小、申论宏旨的书写定位有关。因此，这本篇幅甚小的书，容量极大，完全可以纳入思想家评传的经典之列。

斯金纳这本书有三个值得读者高度关注的重要贡献。

一是他确立的政治思想史叙事进路。别看这是本篇幅很小的书，但它贯穿了剑桥学派研究政治思想史的方法意识。在政治思想史研究上，剑桥学派以两个拒斥为先导，立定自己独特的思想史方法：一是拒斥那种思想史家以自己的主观价值偏好理解历史上的政治思想家的思想，避免偏离文本与时代，曲解思想家的思想。二是拒斥单纯以一个政治思想家的时代氛围来理解其思想的进路，杜绝矮化思想家，做大时代反应，将思想家仅仅当作时代符号。两“破”为一“立”：剑桥学派主张，政治思想史的研究，是语境中的思想。所谓语境，不仅指思想家所处时代、付诸行动这个大语境，而且也指思想家著述这个思想小语境，更指思想家与时代互动呈现在著作中的整全语境。于是，剑桥学派，尤其是斯金纳，重视文本解读、语言分析、行动导向、概念清理、修辞手段的综合研究。

以这种看起来更为健全的方法作为指引，剑桥学派的旗帜性人物斯金纳，在对传主马基雅维里做评传之时，确实比较有效地避免了两个陷阱：一是像施特劳斯学派那样以自己的主观价值偏好，对马基雅维里这样的研究对象进行诋毁谩骂。二是像流行于西方的政治思想史主流范式那样，将马基雅维里这样的思想家处理为现代政治兴起的象征符号，似乎思想家仅仅是时代与社会的应声虫。在斯金纳笔下，马基雅维里的形象就此丰满起来。一个剑桥学派最值得重视的研究对象，最有力反映思想与行动互动的传主，活灵活现地浮显在他的笔下。

这本书的第二个贡献是，斯金纳对马基雅维里进行了有效的历史还原、形象重塑，完成了他确立的“重觅过去”的研究任务。本来，这是一本篇幅甚小的书所难以完成的任务。因为，马基雅维里的著述不少、思想丰富、经历复杂，如果要面面俱到、夹叙夹议，还真是需要很多篇幅才能竟功。加之斯金纳又确立了那么刚性的政治思想史研究方法，以此方法来处理像马基雅维里这么适中的对象，细部的展开，也许更容易展现其方法的精妙。但斯金纳的功夫就是了得。即便篇幅限定了，也不妨碍他将其特殊方法悉数动用起来。

斯金纳书写马基雅维里，首写人生重要经历，次写重要著述要点。写人生经历的时候，将思想与行动连贯起来，让人们对马基雅维里的所思所想有所期待，做好理解他思想的心理预期。在概述他重要著作的时候，斯金纳将之与传主的个人经历、国家处境、时代状况、外交关系诸因素贯穿起来，其所思，其所行，水乳交融。这就避免了要么流连于思想家著述的字里行间，望文生义；或者执著于时代背景，小看了思想家的观念创制能力。

马基雅维里之所以一开现代政治思想风气，与他的特殊经历具有密切关系。说起来，马基雅维里并不是一个力断众流、首开新潮的人物。他有着那个时代所有重要人物的共同特征：在人文主义气氛甚为浓厚的佛罗伦萨，其人文修养功夫甚好，这为他晋身政界提供了台阶。同时，他对意大利的统一建国，萦怀于心，对内思考政治整合，对外比较国家建构，视野甚为广阔，行动导向极其明确。这样的高层经历，恐怕也是马基雅维里足以洞穿政治的决定性条件。加之，他从高层政治摔下来，堕入民间，紧张的教训归纳，与重出江湖的应急考量，让他着力制定了再次跻身政界的对策性建国方案。不过好运不常，马基雅维里以政治生涯而辉煌，也因政治经历而深沉，但最后则因政治失意郁郁而终。但正是因为他与政治的终生纠缠，才足以深刻领悟政治的真谛。斯金纳开篇对之的叙述，就将马基雅维里足以掀动现代政治思想革命的时代大背景与个人小处境，交代得清清楚楚、明明白白。一个理论政治家与实践政治家错位交叠的马基雅维里立体形象，就这么呈现在人们面前。

斯金纳在叙述马基雅维里的生平、经历后，对他三本重要著作进行了缕析。无疑，马基雅维里之成为马基雅维里的理由，首先在于他撰写了《君主论》。下决心成为“君主智囊”，是他写这本现代政治学开创性著作的最强劲动力。这本书让马基雅维里蒙受了邪恶导师的污名。斯金纳经过分析，认为这一指责过于严重。考虑到马基雅维里所处时代的人文主义风气、他的政治实践经历，他之所以鲜明推崇君主临机应变的政治化举措，实在是当时政治的发展需要正当化时运之上的德性。这里的德性，不是亚里士多德德性伦理学意义上的美德，而是一种审时度势、当机立断、与时俱进的综合能力。人文主义重视时运，马基雅维里视其为迂远。在建国之际，人们岂能采取治国之时的政治方略。尤其是关乎国运的君主，德性要讲，政治能力更为重要。斯金纳特别强调，这是马基雅维里经历佛罗伦萨共和衰亡给他的深刻启迪。这哪是一般和平状态下的政治思想史研究者能理解的主张。那些单纯幼稚的古典学家，在这里，就像马基雅维里时代的人文学家一样，露出不懂政治的怯懦来。

马基雅维里的研究者，常常以他思想的另一面为他开脱邪恶导师的指斥。在《君主论》之外，他的另一本著作《李维十论》（本书中译为《论李维罗马史前十卷》），被人认读为反映了马基雅维里政治理想的作品。在这本书里，马基雅维里表现出对古典共和主义的偏爱，似乎这才是他涉论建国的理想寄托。在斯金纳看来，这本书乃是一本著述宗旨与《君主论》完全一致的作品。只不过，两书的落笔重点，略有不同而已：如果说《君主论》主要是提请君主注意，运用政治手段强力建构国家是其要务的话，那么，《李维十论》不过是借助罗马史学家李维的著作，来申发如何可以成功建构强大国家的想法。马基雅维里两本重要著作的宗旨，其实是一以贯之的。这就有力矫正了马基雅维里研究中将两者对立起来分析的习惯性思路。

马基雅维里认为，共和建国，基点应落在古典的集体自由上面，重点应落在建国者对时运与德性的综观把握能力上。一个伟大的政治家，为自己民族创制强大国家，那不过是一种运气。而再造国家的政治家，应当开创一种更具有延续性、足以整合平民德性的法治体系。这样才能杜绝国家的朽败，保证国运昌盛、历久不衰。而足以维护国家时运与德性的适时匹配，在政体上莫过立于自由的混合政体。着眼于此，《君主论》的主题便得到深化与拓展。斯金纳就此成功地弥合了分裂的马基雅维里形象。

斯金纳的这本书，主要篇幅都在缕述《君主论》与《李维十论》中蕴藏的马基雅维里政治思想。在对之条分缕析，力辟流俗之见，展现马基雅维里思想全貌之后，他用十来页的篇幅，评述了马基雅维里晚年的重要著作《佛罗伦萨史》。这部著作的严格历史学意义是不足的。但之所以单独拿出来品评，是因为这部著作体现了马基雅维里关于建国的一贯思想：杜绝国家的朽败，寻求对内激活政治体能量的冲突，确定对外的军事扩张战略，以保持国家的生机活力。尤为关键的是，对马基雅维里而言，撰写这部授命而作的历史作品，事关他的家乡情怀。在斯金纳看来，马基雅维里的政治思想时时处处游荡着一个幽灵——佛罗伦萨，这个城邦的兴盛与衰败，是激发他政治思考灵感的源头活水。这也许是斯金纳不得不花费一些笔墨处理这本书的缘故所在。

斯金纳在马基雅维里的著作中选取《君主论》、《李维十论》和《佛罗伦萨史》进行专门讨论，绝非无意之举。他自陈，选取这三本书讨论马基雅维里的思想，是因为三本书恰好呈现了马基雅维里政治思考紧密关联的三个方面："《君主论》是希望向君主进谏，如何通过建立'伟业'赢取荣耀，《论罗马史》（即《李维十论》——*序者注*）是力图解释某些城邦为何'能够崛起'，罗马为何能脱颖而出，成为'超级强权'，创立'辉煌功业'。"而《佛罗伦萨史》在全力阐释一个城邦或国家如何可以避免朽败，走向衰亡。三本书的主题是内在呼应的：确立建国任务，刻画建国典范，避免建国误区。斯金纳以简明扼要之笔，描摹了完整的马基雅维里政治思想图像。

斯金纳这本书第三个方面的贡献是，在重塑马基雅维里形象的细节上进行的精到分析与准确刻画。如果说全书的宗旨是论述马基雅维里政治思想旨在处理国家建构中的时运与德性关系的话，那么，斯金纳在一系列具体论述中，澄清了对马基雅维里的种种不当论断。他确信，政治思想史家是"记录的天使，而不是杀人的法官"。因此，还原马基雅维里之为马基雅维里的真实语境，就成为他不懈努力的目标。他坚决拒斥施特劳斯学派那种将马基雅维里视为邪恶导师的血口喷人，试图以更为宽容的态度对待马基雅维里推崇君主肮脏政治手段的主张，并且尝试理解马基雅维里这种主张的个人经历、时代处境、国家命运、国际政治诸方面的思想动力。基于此，他在全书的具体论述中，随时呈现出为马基雅维里清污的努力。

这样的清污，在书中处处可见。开篇，斯金纳就明白无误地指出，他写马基雅维里，就是要在古典哲学和文艺复兴哲学的思想语境、16世纪初意大利城邦生活的政治语境中，领悟他的所思所想。接下来，在全书的具体论述中，斯金纳先是将马基雅维里放到他生活的社会中，描述他那个时代的精神氛围、政治状态。清理他心仪和讨厌的古今政治家，分析他打过交道的政治家及其得失，凸显了马基雅维里之所以切入政治思想世界的综观动力。在解析马基雅维里的两本重要著作的时候，斯金纳澄清了马基雅维里那个时代关于运气与德性的复杂含义，这就有助于人们准确理解马基雅维里讨论建立国家与继承国家的划分、区隔和贯通时运与德性的进路、追求物质与寻求荣耀的划分、重视美德与推崇权谋的不同立意。人们也许会理解，马基雅维里对根本美德与君主美德刻意严加区分的意图，绝不在浅层的权谋，而在深层的政治寓意。在马基雅维里一生中，他总是处在古典人文主义的精神氛围和共和主义推崇美德的政治取向牵引中，但他对权谋诡诈之术的倡导，旨在表明自己试图为真正“政治的思考”开辟一条通路。为此，他提倡君主不讲道德，主张国富民穷，力推贫富冲突，狂热要求建立公民军队，推崇对外扩张，因之掀动一场政治思想上的“马基雅维里革命”。

这场“马基雅维里革命”，其实是一场矫正当时人不做“实际上”要做的事情，非要做“应该做”的事情的时风的革命。这场革命，让人们意识到，人文主义所主张的那一套东西，是一种单纯幼稚的东西。对一个处在建国关键时刻的国度来讲，一味地对建国者即君主灌输美德，其实是相当不理性的、灾难性的做法。从美德的视角看，为善的优先性自不待言。从政治的角度讲，当时势不允许行善的时候，就该当机立断，下定为恶的决心。这是一个把握国运的君主必须具备的、审时度势的能力。否则，就会像马基雅维里家乡的政客们一样，在共和国面临危机的时候，当断不断、反受其乱。由此，他画出了自己与古典人文主义以及古典共和主义的重要界限：在适时的时候，放弃德性，坚持理性。这对主政者即君主来讲，以狮子的凶猛和狐狸的狡猾双重手段，对付复杂的政治局面，把握建国与治国的要领，乃是决定生死存亡的头等大事。正是基于这样的冷峻理性观念，君主才足以把握建国时运，也才能在治国之时，掌握臣民敬畏与仇视的两个端点，有效供给国家秩序。

“马基雅维里革命”，乃是一场政治理性对道义逻辑的革命。这对一切单纯崇尚美德传统的人来讲，确实是一场无法接受的、翻天覆地的革命。但站在现代建国的历史起点上，马基雅维里及时掀起了这场革命，而为现代国家打开了历史闸门。在马基雅维里的思想中，不是不讲道德，而是不讲具有无条件优先性的道德；不是不重视美德的地位与作用，而是拒绝将道德置于一切事务的前置地位，将之视为一种后置的结果。这是斯金纳在书中没有直接得出的结论。但可以从他对“马基雅维里革命”的语境缕析中推导出来。

这就是斯金纳此书“重觅过去”的最大贡献：现代政治思想的生成，原来并不是马基雅维里个人的偏好，而是政治观察的深刻洞见。施特劳斯学派对马基雅维里的愤愤然，原来是因为也期待政治洞察力的他们，不太理解马基雅维里的苦心孤诣所指，有虑及此，似乎完全可以释然放下。

大师小书，值得精读。

目录

前言

本书曾有一个较早的版本，于1981年出版，收入《历史上的大师》丛书。我要感谢基斯·托马斯当初邀请我参与那套丛书的撰写，感谢牛津大学出版社的编辑们（特别是亨利·哈迪）在编校方面的帮助，感谢约翰·邓恩、苏珊·詹姆斯，J. G. A. 波科克和基斯·托马斯细致审读我的原稿，并提供了许多宝贵的意见。在准备这个新版本的过程中，我又得到了出版社编辑们专业水准的帮助，我要再次感谢他们，谢利·考克斯的耐心和鼓励尤其让我感激。

这个新版本对原稿做了全面的修改，也更新了参考文献，但我的理路没有变。我仍然认为，就主要倾向而言，马基雅维里代表了人文主义政治思想的一种新古典形式。我还提出，在讨论马基雅维里政治思想中最具创造力和洞察力的方面时，我们应当看到，他既沿用并大体认可人文主义的传统观念，又反复诘问和驳斥它们，甚至把它们作为讽刺的靶子。虽然此书的主要目的是通俗易懂地介绍马基雅维里关于治国术的见解，我仍希望上述解读也能激起本领域专家的兴趣。

引用波伊提乌、西塞罗、李维、萨卢斯特和塞涅卡时，我用的是洛布古典丛书的英译本。引用马基雅维里的《书信集》、《出使篇》和所谓的《怪论集》时，译文都是我自己的。引用《君主论》

时，我用的是罗素·普赖斯的译文（收于昆廷·斯金纳和罗素·普赖斯编的《马基雅维里〈君主论〉》，剑桥 1988 年版）。引用马基雅维里的其他著作时，我用的是艾伦·吉尔伯特（感谢他的许可）在《马基雅维里：代表作及其他著作》（三卷本，杜克大学出版社 1965 年版）中的精彩英译。在引用《书信集》和《出使篇》时，我分别在括号里用 C 和 L 做了标识[①]，并在引文后注明了页码。在引用马基雅维里的其他著作时，我的行文已表明出处，只在括号里另外加上了页码。引用文献的详细信息见书末 101 页的附录[②]。

关于译文我还有两点说明。我在个别地方对吉尔伯特的译法稍做了改动，以更贴近马基雅维里原文的措辞。另外，我始终坚信马基雅维里的核心术语 virtú（拉丁语 virtus）[③] 在现代英语

---

① 为了读者的方便，译本中直接把C（英文为*Correspondence*）和L（英文为*Legations*）分别标注为《书信集》和《出使篇》。——除特别说明，均为译注。

② 指书的英文版附录。

③ 拉丁语的virtus以及它的衍生词（例如英语的virtue、意大利语的virtù）源于拉丁语单词vir（“男人”），意思偏向于男性的勇敢以及其他典型的男性品质。此外，virtus常被古罗马作家用来翻译古希腊语的arete，其意义近于英文的excellence，大致可译成“优秀”、“卓越”，并不限于道德。在西方哲学发展过程中，virtus逐渐演化为相对稳定的一组品质的集合体，马基雅维里继承了这个术语，却改变了它的内涵，强调的是为维护城邦利益而表现出的勇武和果断的品质，形势所迫时，违反道德也在所不惜。为了保持术语的统一并尊重国内通行的译法，书中的virtus和virtú（马基雅维里的拼法，等价于现代意大利语的virtù）都译作“德性”，但我们应当仔细区分它的古罗马意义、人文传统意义和马基雅维里体系的意义。

中无法找到对应的词或能曲折达意的短语。因此,我在整本书中都保留了这两个词的原文。然而,这并不意味着我没有讨论它们的含义,恰恰相反,书的相当篇幅其实都在阐发我对马基雅维里笔下这些词的理解。

引言

马基雅维里辞世已近五百年，但他的名字仍是狡诈、阴险和政治事务中背信弃义的象征。莎士比亚所称的“心狠手辣的马基雅维里”从来都是道德论者仇视的对象，无论他们属于哪个阵营，保守还是革命。埃德蒙·柏克声称在法国大革命“民主暴政”的根基里看到了“马基雅维里式政策的可憎信条”。马克思和恩格斯谴责马基雅维里主义的原则时同样言辞激烈，只不过他们坚信真正奉行“马基雅维里式政策”的是在革命时期试图“扼制民主能量”的那些人。双方一致认为，马基雅维里主义的种种罪恶对政治生活的道德基础构成了最严重的威胁。

马基雅维里俨然已经臭名昭著，给人贴上马基雅维里分子的标签仍是政治论争中攻击敌人的利器。例如，亨利·基辛格曾在一次著名的访谈（发表于1972年的《新共和》杂志）中阐述自己的政治哲学，特别讨论了担任总统顾问的经历。采访者评论说，“听你说话，我们时常关心的不是你在多大程度上影响了美国总统，而是马基雅维里在多大程度上影响了你”。这层联系显然让基辛格避之不及。他是马基雅维里分子吗？“不，绝对不是。”他受到了马基雅维里的任何影响吗？“绝对没有。”

马基雅维里的恶名背后到底是怎样的图景？他活该被人诅咒吗？他在主要著作中对政治行为和政治道德究竟提出了什么

样的见解？这些就是我希望在这本小书里回答的问题。我的观点是，要读懂马基雅维里的理论，我们首先必须还原他在《君主论》、《论李维罗马史前十卷》和其他政治著作中所关注的问题。而要获得这样的历史眼光，我们又必须重构他当初写这些书时的语境——既包括古典哲学和文艺复兴哲学的思想语境，也包括16世纪初意大利城邦生活的政治语境。一旦我们将马基雅维里放回他最初形成自己观点的那个世界，我们就能逐渐领悟到，他对同时代主流道德观念的批判是多么卓尔不群。而一旦把握了他本人道德观的种种内涵，我们就很容易明白，为什么每当人们讨论政治权力和领导术时，仍会频繁提及他的名字。

第一章

外交使者

人文主义背景

1469 年 5 月 3 日，尼科洛·马基雅维里出生于佛罗伦萨。现存记录显示，1498 年他开始在家乡事务中扮演积极角色，当时正值萨伏那洛拉控制的政府倒台。吉罗拉莫·萨伏那洛拉是圣马可修道院院长、多明我会会士。此前四年里，依靠先知式的布道，他在佛罗伦萨政坛呼风唤雨。这年 4 月初，他却因为异端罪名被捕，此后执政团[①]迅速出手，将政府中其残留的支持者解职。亚历山德罗·布拉切西[②]也受牵连失掉了第二国务厅长官的职位。最初这个位置空缺了一阵，但几星期之后，默默无闻的马基雅维里却进入了备选名单。他刚满 29 岁，似乎也没有行政经验。但他的提名没遇到明显的阻碍，6 月 19 日，大议事会正式批准他担任佛罗伦萨共和国第二国务厅长官。

马基雅维里进入国务厅的时候，该机构主要职位的聘任

---

① 佛罗伦萨共和国的最高行政机构，意大利文 signoria，此处英文为 ruling council，与大议事会（great council）不同。

② 布拉切西（生卒年不详），意大利人文主义者，拉丁语和意大利语诗人。

图1　佛罗伦萨的韦奇奥宫，1498—1512年间马基雅维里任职第二国务厅时在此工作。

已经有一套固定的办法。竞聘者不仅要表现出外交才能，还应展示出所谓人文学问的深厚素养。这种人文研究（studia humanitatis[①]）的观念源于罗马，尤其是西塞罗，他的教育理想在

① 拉丁文，直译为英文就是 studies of humanity，现代英语中人文学科称为 the Humanities，就发源于此。古罗马人所说的 humanitas（英语 humanity 的词源）概括地说，是指人（文明人）之为人的品质，特别是理想的罗马公民所具备的仁慈、正直、公义等品质。

14 世纪意大利人文主义者中间复活了，并逐渐对大学和意大利的公共生活产生了强烈影响。人文主义者的首要标志就是对“真正人文”的教育应当包含什么内容有特定的主张，并严格遵循。他们要求自己的学生先掌握拉丁语，然后研习修辞，模仿古典大家的风格，最后通过细读古代历史和道德哲学来完成学业。他们还让一个沿袭已久的观点深入人心，那就是这样的训练为政治生活提供了最好的准备。正如西塞罗反复强调的，这些学科能够培养治理国家所需的主要价值观：让个人利益服从公共福祉的意愿；对抗道德朽败[①]和专制统治的渴望；实现最崇高目标的雄心，也就是为自己和国家争得名誉和荣耀。

佛罗伦萨人日益受到这些信念的熏陶，于是开始征召他们中间最优秀的人文主义者出任市政府的顶层职位。这种做法可以说发端于 1375 年，当时科卢乔·萨卢塔蒂被任命为国务厅长官，很快这就成了通例。在马基雅维里的成长期，担任第一国务厅长官的是巴尔托洛梅奥·斯卡拉，他履职期间一直是大学教授，继续就典型的人文话题撰写著述，其代表作是一本讨论道德的专著和一部《佛罗伦萨人史》。马基雅维里担任国务厅长官时，斯卡拉的继任者马尔切洛·阿德里亚尼仍鲜明地延续了这一传统。他也是从大学教席走上了第一国务厅长官的岗位，也继续发表人文研究的著作，包括一本拉丁语教材和一本用意大利语撰写的《论佛罗伦萨贵族的教育》。

或许正因为这样的理想风行一时，年纪尚轻的马基雅维里才得以获得要职，参与共和国的管理。他的家庭虽不富庶，门第也

① “道德朽败”（corruption）是古典政治学和马基雅维里政治理论中的一个重要概念，它的含义远比“腐败”或者“腐化”广，简言之，它意味着德性（virtus）的衰败和丧失。

不算高贵,却与城里最有声望的人文研究者圈子交游甚密。马基雅维里的父亲贝尔纳多是一位职业律师,对人文学问有热切的兴趣。他与几位最杰出的学者是好友,包括巴尔托洛梅奥·斯卡拉,后者在1483年发表的对话体著作《论法律和司法裁决》就以他本人和贝尔纳多·马基雅维里(被他形容为"我的挚友")为讨论的双方。而且,从1474—1487年间贝尔纳多的日记看,在他儿子尼科洛的成长期,贝尔纳多一直在钻研构成文艺复兴时代"人文学问"根基的几部古典名著。根据记录,他在1477年和1480年分别借阅了西塞罗的《反腓力辞》[①]和这位作家的修辞学杰作《论雄辩家》。他还在1470年代多次借阅西塞罗最重要的道德学著作《论义务》,1476年他甚至还获得了一本李维的《罗马史》[②]——正是这本书在四十多年后为他儿子的《论李维罗马史前十卷》[③](马基雅维里篇幅最长、用力最深的政治哲学著作)提供了框架。

贝尔纳多的日记还表明,虽然经济投入巨大——逐条记录的花销表明了他的焦虑——他仍尽心竭力地为儿子打下最好的人文教育基础[④]。据我们所知,马基雅维里刚满七岁,这样的教育就开始了,当时他父亲记录称"我的小儿子尼科洛已经到马泰奥

---

① 《反腓力辞》(*Philippics*),西塞罗抨击古罗马军阀安东尼的著名系列演说,恼羞成怒的安东尼派刺客割下了西塞罗的头和手。

② 1455年谷登堡发明活字印刷术后,欧洲才有批量印刷的书出现。在15世纪晚期,古罗马著作一般还没有印刷本,只有手抄本,数量极少,非常珍贵。

③ 《论李维罗马史前十卷》(*Discorsi sopra la prima deca di Tito Livio*),英译名一般为*Discourses on Livy*,本书中简称为*Discourses*。

④ Bernardo Machiavelli, *Libro di Ricordi*, ed. C. Olschki (Florence, 1954), pp. 11, 31, 35, 58, 88, 123, 138.——原书注

老师那里求学了”，正式教育的第一阶段是学习拉丁语。12 岁的时候，马基雅维里进入下一阶段，由一位著名的校长保罗·达·隆齐里奥内接手，马基雅维里同辈中多位著名的人文研究者都出自他门下。1481 年 11 月 5 日，贝尔纳多在日记中记下了这个进展，他自豪地宣布，“尼科洛已经能用拉丁语写文章了”——按照当时的标准教法，这意味着模仿最优秀的古典写作风格。最后，如果我们相信保罗·焦维奥的话，马基雅维里可能是在佛罗伦萨大学完成他的学业的。焦维奥在《博雅名人传》[1] 中称，马基雅维里古典教育的“精华部分”应归功于马尔切洛·阿德里亚尼，而我们已经知道，阿德里亚尼在出任第一国务厅长官之前，曾在该大学任教数年。

上述的人文主义背景或许可以解释，1498 年夏天马基雅维里为何突然获得政府任命。阿德里亚尼已在当年早些时候出任第一国务厅长官，在这政权更迭之际，为国务厅物色人选的他大约还记得马基雅维里在人文学问方面的才能，于是用职位作为回报——这样的猜想应算顺理成章吧。因此，马基雅维里在反萨伏那洛拉的新政府里登台亮相，很可能是靠了阿德里亚尼的奖掖，他父亲的人文主义朋友或许也发挥了影响。

外交使命

马基雅维里需承担两方面的职责。第二国务厅成立于 1437

---

① 此处英文为 *Maxims*，直译为《格言》，但焦维奥并没有相应书名的著作。据译者查考，焦维奥记录马基雅维里生平的书是 *Elogia doctorum virorum ingenii monumentis illustrium*（1546 年出版），可译为《博雅名人传》。该作者另著有一本相仿的书 *Elogia virorum bellica virtute illustrium*，可译为《勇武名人传》。

年，主要处理佛罗伦萨所辖领土的行政文书往来。但作为这个部门的领导，马基雅维里也是第一国务厅长官的六位秘书之一，正是由于这一身份，为军事十人团（负责共和国外交关系的委员会）服务的工作很快也分派给了他。这意味着除了日常文书工作外，他会代表十人团出使各国，扮演特使秘书的角色，并协助把外国事务的详细报告发回国内。

他首次获得这样的出使机会是在1500年7月，当时政府指派他和弗朗切斯科·德拉·卡萨"以最快速度"赶赴法王路易十二的宫廷（《出使篇》70页）。之所以派出这个使团，是因为佛罗伦萨在征讨比萨[①]的战争中遇到了麻烦。比萨人于1496年发动叛乱，在接下来的四年里，他们击退了所有绞杀独立运动的军事攻势。但在1500年初，法国人同意帮助佛罗伦萨人收复该城，并派出一支军队前往围攻。但这次行动也一败涂地：佛罗伦萨招募的加斯科涅[②]雇佣兵临阵脱逃，瑞士扈从军因为缺饷而哗变，进攻只好灰溜溜地取消。

政府指示马基雅维里，"务必澄清，战役无功而返不是由于我方的任何失误"，如有可能，还应"让对方感觉"，法国指挥官的表现"腐化怯懦"（《出使篇》72、74页）。然而，他和德拉·卡萨初次觐见路易十二便发现，佛罗伦萨对以往失败所做的辩解，国王没多少兴趣听。相反，他想知道的是，一个表现得如此混乱无能的政府，将来是否可能给法国提供实质性的帮助。后来他们又与法王及其主要顾问弗洛里蒙·罗贝泰和鲁昂大主教[③]举行多

① 比萨在这一时期是佛罗伦萨共和国的属地。

② 在法国西南部。

③ 鲁昂大主教区是天主教在法国的15个大主教区之一，主要管辖诺曼底地区。

次磋商，但会谈的基调此时已经定下了。结果马基雅维里虽然在法国宫廷停留了几乎半年，他对法国政策的了解却没增加多少，反而对意大利城邦日益暧昧的政治地位感触甚深。

他学到的第一课是，在任何熟谙现代君王术的人看来，佛罗伦萨统治机器的犹豫与软弱都近乎荒谬。到了7月底，执政团如果不再派一个使团来重新商谈与法国结盟的条款，局面似乎就无法收拾了。从8月到9月，马基雅维里一直在苦等新特使启程的消息，并反复向鲁昂大主教保证，使团随时可能到达。到了10月中旬，依然没有使团的音讯，没完没了的敷衍之词招致了大主教毫不掩饰的鄙夷。马基雅维里在汇报中沮丧地说，当大主教得知承诺的使团终于出发的时候，他的"原话如下"："没错，您是这么说的，可是等不到特使来，我们就已经死了。"（《出使篇》168页）更让马基雅维里感到屈辱的是，他发现家乡佛罗伦萨自视甚高，但在法国人看来，这样的认识跟它的军力和财力极不相称，可笑至极。他不得不告诉执政团，法国人"只看重有强大军队和掏钱意愿的人"，而他们已经确定，"你们两项条件都不具备"。虽然马基雅维里试图证明"你们的强大将保证法王在意大利的属地安全"，他却意识到自己"完全是白费唇舌"，因为法国人只以嘲笑作答。他承认，痛苦的真相是，"他们称你为废物先生"（《出使篇》126页及该页注释）。

这一课让马基雅维里耿耿于怀。他在成熟期撰写的政治著作中反复告诫，拖延是愚蠢的，表现得优柔寡断是危险的，战争和政治都需要果敢迅速的行动。但他显然无法接受进一步的推断：意大利城邦没有任何前途。他继续探讨这些城邦的军事和政治体制，因为他相信它们仍然能够恢复和维持独立地位，虽然在他的有生之年，它们却只能彻底臣服于法兰西、德意志和西班牙排山倒海的军队。

出使法国的任务于1500年12月结束，马基雅维里匆匆赶回家中。姐姐在他出国期间去世，父亲在他快动身的时候也去世了，所以家庭事务（他向执政团抱怨说）已经"完全陷入混乱"（《出使篇》184页）。此外，他也担心自己的职位，因为助手阿戈斯蒂诺·韦斯普奇在10月底曾向他报信，说已有风声，"如果你不回来，国务厅的职务就将不保"（《书信集》60页）。而且此后不久，马基雅维里又添了一个留在佛罗伦萨周围的理由：他开始向玛丽埃塔·科尔西尼求爱。两人于1501年秋天成婚，玛丽埃塔在马基雅维里的故事中从不显眼，但他的信件却表明，她是他一生钟爱的对象。玛丽埃塔为他生了六个孩子，默默忍受了他的不少出轨行为，在他死后继续活了四分之一个世纪。

接下来的两年，马基雅维里主要在佛罗伦萨及附近地区度过。这期间，执政团有了一个新的大患，切萨雷·博尔贾的军力不断增长，对边境构成严重威胁。1501年4月，博尔贾被父亲教皇亚历山大六世封为罗马涅[①]公爵。为了切分一块与这个响亮的新名号相配的领土，他发动了一系列冒险的攻势。首先他占据了法恩扎，围攻了皮翁比诺，并于1501年9月进入该城。然后他的手下于1502年春在瓦迪齐阿纳策动了针对佛罗伦萨的叛乱，与此同时，博尔贾本人挥师北上，用闪电般的突袭夺取了乌尔比诺公国。连续的胜利让他信心暴涨，于是他要求与佛罗伦萨人订立正式同盟，并命令他们派出代表，来听他开出的条件。这项棘手的任务交给了马基雅维里，他曾在乌尔比诺见过博尔贾。马基雅维里于1502年10月5日领命，两天后便在伊莫拉与博尔贾会面了。

---

① 意大利中部偏东北的一个地区。

这次使命标志着马基雅维里的外交生涯进入了成型期，正是在这一时期，他有机会扮演自己最喜欢的角色，做当代治国术的一手观察者和评估者。同样是在这一时期，在观察各国统治者决策的过程中，他形成了对他们中多数人的最终评价。常有人说，马基雅维里的《出使篇》包含的只是他晚期政治观点的“原材料”或者“草稿”，后来在被迫赋闲期间他才整合了这些事例和见解，并把它们视为普遍模式的范本。然而我们研读《出使篇》就会发现，马基雅维里对政治人物的评判，甚至他的警言妙论，在事发当时就已成型，后来几乎是不加改动地嵌入了《论李维罗马史前十卷》和《君主论》(后者尤其如此)。

马基雅维里出使博尔贾宫廷历时近四个月，在此期间，他与这位公爵有过多次面对面的讨论。博尔贾似乎是刻意向他解释自己的政策及其背后的野心。马基雅维里深受震动。他汇报说，公爵不仅抱负远大，而且“有超人的勇气”，他“认为自己可以从心所欲，无所不能”(《出使篇》520页)。他出语惊人，行动也毫不逊色，因为他“亲手掌控着一切事情”，管理手段又“极其隐蔽”，所以决策和实施都出人意料又有雷霆万钧之势(《出使篇》427、503页)。总之，马基雅维里意识到，博尔贾绝不是军事起家的暴发户，而是“必须严加提防的意大利新势力”(《出使篇》422页)。

这些评论最初是以密件形式发给军事十人团的，后来却成了人们津津乐道的名言，因为它们几乎原封不动地出现在《君主论》第七章里。在概述博尔贾的政治生涯时，马基雅维里再次强调了公爵的超凡勇气、出众才能和强烈的目标意识(33—34页)。他也重申，博尔贾的行动能力和策划能力同样卓越。“为了向下扎根”，他“用尽了一切可能的手段”，在极短的时间内就“为未来的霸业筑好了宏伟的地基”，如果不是运气突然背弃了他，他“必将征服一切困难”（29、33页）。

虽然马基雅维里佩服博尔贾的统治才能，但他从一开始就对公爵的极端自负感到不安。早在1502年10月，他就从伊莫拉写信说，“在我停留期间，公爵政权的唯一支撑是他的好运”（《出使篇》386页）。到了第二年年初，他对公爵的行为越发不满，因为后者仍然只寄望于自己“前无古人的好运”（《出使篇》520页）。1503年10月，马基雅维里出使罗马时，又获得了近距离观察博尔贾的机会，他先前对公爵的质疑此时已经凝固成一种判断：公爵的能力有重大缺陷。

马基雅维里的罗马之行主要是为了追踪教廷的一次罕见危机。教皇亚历山大六世死于8月，庇护三世继任不足一月又亡故。佛罗伦萨执政团急于获取每天的最新情报，以便预判形势，特别令他们不安的是，博尔贾已经改旗易帜，声援红衣主教朱利亚诺·德拉·罗韦雷出任教皇。这一动向可能会威胁到佛罗伦萨的利益，因为公爵的支持是以一项承诺为代价的：罗韦雷如果当选教皇，就必须任命博尔贾为教皇军统帅。看起来能够确信的是，博尔贾一旦获得这个头衔，就会在佛罗伦萨边境发动一系列新的敌对行动。

因此，马基雅维里最早的信函主要聚焦于红衣主教团的会议。罗韦雷在会上“以压倒性多数”当选教皇，即尤利乌斯二世[①]（《出使篇》599页）。此事尘埃落定后，所有人的目光都转移到博尔贾和教皇之间日益尖锐的冲突上。两位玩弄权谋的高手开始对峙、试探，作为观众的马基雅维里意识到，自己当初对公爵能力的怀疑完全得到了印证。

① 罗韦雷的意大利名字为Giuliano della Rovere，Giuliano对应的拉丁名是Iulius，“尤利乌斯二世”中的“尤利乌斯”是拉丁名的翻译。

他感觉博尔贾转而支持罗韦雷是缺乏远见的，因为他没看到其中的危险。马基雅维里提醒军事十人团，在公爵父亲亚历山大六世担任教皇期间，这位红衣主教“在外流亡十年之久”。他据此推论，罗韦雷“不可能这么快就忘掉了旧怨”，真心实意与仇人的儿子结盟(《出使篇》599页)。但马基雅维里对博尔贾最严厉的指责是，面临如此诡谲危险的形势，博尔贾依然深信自己吉人天相，就近乎妄诞了。最初，马基雅维里只是有些惊讶地评论道：“公爵让无节制的自信迷了心窍。”(《出使篇》599页)两周后，教皇的任命书仍未下达，博尔贾在罗马涅的领地纷纷叛乱，马基雅维里的语气变得刻薄起来，他说，公爵“在时运[①]的这些攻击面前惊慌失措”，“他还不习惯这种苦头呢”(《出使篇》631页)。到了月末，马基雅维里断定，博尔贾已被厄运摧垮，任何决定他都不能坚持到底了。11月26日，他已有把握向军事十人团预言，“从今往后，你们行动时再不必考虑他了”(《出使篇》683页)。一周后他最后一次提到博尔贾的事，只是淡淡地说，“公爵正慢慢滑进坟墓”(《出使篇》709页)。

---

① Fortune是马基雅维里政治学说中的一个关键词，后文有详细讨论。这里只是指出，它和Fate是不同的概念，Fortune(对应于拉丁语Fortuna、希腊语Tyche，常被视为一位女神)强调的是未来的偶然和不可控制，类似东汉王充所说的“遭命”，本书中在没有限定语时译成“时运”(good Fortune则译成“好运”)；Fate(对应于拉丁语Fatum、希腊语Moira，常被视为三位女神，所以拉丁语和希腊语常用复数Fata和Moirai，拉丁语中另有Parcae的名字指命运三女神)强调的是未来的必然和不可避免，类似王充所说的“正命”，本书中译成“命运”。让问题更复杂的是，基督教兴起后，两个概念的区别淡化了，很多时候甚至可以互换，都偏向“命运”的意义。文艺复兴期间，随着古典文化的传播，“时运”的概念逐渐复活。马基雅维里笔下的Fortune与古罗马观念基本一致。

和前面那些文字一样，这些对博尔贾的秘密评价也因为写进了《君主论》第七章变得尽人皆知。马基雅维里在书中再次声明，公爵支持“尤利乌斯担任教皇”是“错误的选择”，因为“他绝不应将任何他伤害过的红衣主教送上教皇宝座”（34 页）。他仍坚持自己对公爵的基本指责——过分依赖运气。他没有直面一种显而易见的偶然性，那就是“时运的恶意打击”可能在某个时候挫败自己的事业，当此事变为现实，他立刻就崩溃了（29 页）。虽然不乏钦佩，马基雅维里对博尔贾的最后断语却是负面的（在《君主论》中甚至比《出使篇》中还严厉）：他“赢得成功依凭的是父亲的时运”，而一旦时运弃他而去，立刻一败涂地（28 页）。

马基雅维里接下来有机会直接观察的重要领袖是新教皇尤利乌斯二世。他当选前后，马基雅维里曾数次觐见，但他得以洞悉这位教皇的性格与权术却是在后来的两次出使期间。第一次是在 1506 年 8 月和 10 月间，马基雅维里回到了罗马教廷。执政团指示他随时通报尤利乌斯光复教皇领地的进展，这项夺取佩鲁贾、博洛尼亚等地的计划典型地体现了教皇咄咄逼人的风格。1510 年机会再次降临，马基雅维里跟随新的使团前往法国宫廷。此时，尤利乌斯已决定发动一场浩大攻势，将“蛮族”赶出意大利。这番雄心却让佛罗伦萨人陷入了尴尬境地。一方面他们绝不想冒犯日益好斗的教皇，另一方面，他们又是法国的传统盟友。法国人立刻抛来一个问题：如果教皇进犯路易十二前一年刚夺回的米兰公国，他们将提供什么样的帮助？和 1506 年的情形相仿，马基雅维里一面紧张地追踪着尤利乌斯的战事，一面心存侥幸地盘算着如何保持佛罗伦萨的中立。

观察这位“战士教皇”的行动，马基雅维里最初颇感震撼，甚至觉得不可思议。一开始他不假思索地认为，尤利乌斯收复教皇领地的计划必将惨败。他在1506年9月写道，“没人相信”教皇“能够实现他设定的目标”（《出使篇》996页）。然而转瞬之间，马基雅维里就被迫咽下自己的预言。未到月底，尤利乌斯已经重新进入佩鲁贾，“平息了事态”，10月还没结束，马基雅维里的使命便已结束，他带回的惊人消息是，一番猛攻之后，博洛尼亚已无条件投降，“它的使臣蜷伏在教皇脚下，将城市呈交给他”（《出使篇》995、1035页）。

但是没过多久，马基雅维里便发出了质疑之声，特别是针对1510年尤利乌斯的一个令人震恐的决定：以他的微弱兵力与强大的法国对抗。开始他只是以嘲讽的口吻说，但愿“最终的结果表明”尤利乌斯的莽撞行为“并非依凭他本人的神圣地位”（《出使篇》1234页）。可是很快他的语气就变得严峻起来，“这里没人知道教皇的行动究竟有什么依据”，就连尤利乌斯的特使都承认，当前的局面让自己“瞠目结舌”，因为“他非常怀疑教皇是否有足够的资源和组织力量”来实现目标(《出使篇》1248页)。马基雅维里还不愿意直截了当地谴责教皇，他仍觉得，或许“像进攻博洛尼亚的战役一样”，教皇“仅凭自己的勇壮和威权”就把丧失理性的攻势转化成侥幸的胜利，也并非不可想象(《出使篇》1244页)。但总的来说，他已经开始被不可遏制的紧张情绪笼罩。他深有同感地重复着罗贝泰的一句话，大意是尤利乌斯仿佛“是上帝特意授命来摧毁世界的”（《出使篇》1270页)。他还异乎寻常地补充了一句极其严肃的评论，称教皇在他看来的确“决意让基督教世界变为废墟，让意大利成为瓦砾”（《出使篇》1257页)。

这段关于教皇行动的记述几乎原样出现在《君主论》中。马基雅维里首先承认，虽然尤利乌斯“在一切事情上都冲动莽撞”，但就连他最离谱的计划“也总取得成功”。然而，马基雅维里接下来便声称，这仅仅是因为“时代和环境与他的行事风格太合拍”，他才从未尝到无所顾忌带来的苦果。所以，尽管教皇战功显赫，马基雅维里却觉得必须严厉批评他的治国术。的确，尤利乌斯“凭借冒险行动实现的功业，其他教皇用尽人的智慧也不能企及”，但这只是“他的短寿”给人造成的印象，似乎他真是一位杰出的领袖。“倘若天假以年，需要谨慎行事的时刻到来，他的失败将无可避免，因为他永远不会放弃天性赋予他的那些方法。”（91—92页）

在1506年出使教廷和1510年重访法国之间，马基雅维里还因为一次外交任务离开过意大利。这次他有机会直接体验另一位重量级国君——神圣罗马帝国皇帝马克西米利安。[①] 执政团决定派出使臣，是因为皇帝进军意大利并在罗马加冕的计划令他们不安。公布此项计划时，他向佛罗伦萨人索要一大笔赞助，帮他克服财政困难（他似乎永远缺钱）。他若来，执政团自然急于迁就他；他若不来，他们就不肯掏钱了。他真要来吗？1507年6月，他们派弗朗切斯科·韦托里去探明情况，但他的汇报却模棱两可，六个月后，他们给了马基雅维里一番指示，命他再去打探。两位使臣在帝国宫廷滞留到第二年6月，那时远征计划显然已取消了。

马基雅维里对哈布斯堡家族首领的评价完全不像他对切萨雷·博尔贾和尤利乌斯二世那样严谨缜密；自始至终，他对这位皇帝只有一个印象：昏庸无能，几乎没有治国所需的任何素质。

---

① 神圣罗马帝国，全称为“日耳曼民族神圣罗马帝国”，由德意志国王奥托一世在962年建立，15世纪初开始进入诸侯割据状态，皇位一直由奥地利哈布斯堡家族占据。马克西米利安一世（1459—1519）在位期间通过和欧洲王室联姻和发动多次战争，试图重振帝国雄风。

马基雅维里觉得，他最根本的弱点在于，总是“犹豫、轻信”，结果“听到任何一种不同的观点，他的想法都会立刻动摇”(《出使篇》1098—1099页)。如此一来，根本无法和他谈判，因为即使他开始已经做了决定——例如进军意大利——我们仍可以保险地预言，“只有上帝知道会如何收场”(《出使篇》1139页)。这种性格也极大地削弱了他的领导权，因为所有人“都始终茫然无绪”，“没人知道他究竟会如何行动”(《出使篇》1106页)。

马基雅维里在《君主论》中对这位皇帝的描绘基本上复制了早期的印象。他在第二十三章以马克西米利安为例讨论了君主应该如何听取好的建议。这位皇帝的行为被当作反面教材，用以警告君主，如果在谋臣面前缺乏决断会招致怎样的危险。马基雅维里形容他“毫无主见”，一旦他的计划“已广为人知”，然后又“遭到身边人的反对”，他便立刻失去方向，“把当初的目标抛在脑后”。和这样的人打交道，让人沮丧透顶，因为“没人知道他到底想做什么”；这样的统治者也完全不称职，因为他的任何决定“都不可信赖”，“今日所成就的，他明日便毁掉”(87页)。

外交心得

马基雅维里亲身领教了这些国君显贵的行事之道，当他将最终评价诉诸文字时，已经得出结论：所有这些人都没能正确理解一个简单却又根本的道理，结果他们的事业多以失败告终，即使成功，也应主要归于运气，而非睿智的政治判断。面对变化的形势不能做出主动的调整，这是他们共同的、全局性的致命缺点。切萨雷·博尔贾任何时候都目空一切，马克西米利安永远都优柔寡断，尤利乌斯二世从来都冲动亢奋。他们都不肯承认，如果自己能够努力抑制个性，去适应时势的要求，而不是企图用个性来改造时势，他们的功业会远为辉煌。

最终，上述体悟成了马基雅维里在《君主论》中分析统治术时的核心观点。但早在以外交官身份四处奔波的年代，他就已把这份心得记录下来。而且，从《出使篇》可以看出，这个结论最初其实不是他自己的概括，而是对别人观点的消化吸收。在他接触过的最精明的政客中，有两位曾向他表达过类似的观点。他第一次听到这样的议论是在尤利乌斯二世当选教皇的那天。马基雅维里与弗朗切斯科·索代里尼搭上了话，此人是沃尔泰拉的红衣主教、佛罗伦萨元首(gonfaloniere)皮耶罗·索代里尼之兄。红衣主教对他说，“这么多年来，咱们的城市从没像今天这样对新教皇寄予如此的厚望”，但他又补充道，“只有知道怎样和时代合拍才行”(《出使篇》593页)。两年后，在与锡耶纳统治者潘多尔福·彼得鲁奇谈判的时候，马基雅维里又听到同样的见解。他在《君主论》中称赞这位贵族“很有才干”(85页)。执政团给马基雅维里的任务是质问潘多尔福，他对佛罗伦萨“用尽阴谋诡计”，究竟是何居心(《出使篇》911页)。潘多尔福放言无忌的态度让马基雅维里颇感震惊。“每天我都尽量少犯错，”他说，“我管理政府按日安排，处理私事按小时安排，因为时势永远比我们的智力强大。”(《出使篇》912页)

虽然一般而言，马基雅维里对同时代的统治者批判甚为严厉，但如果据此认定，当时的治国术在他眼里无非是一部罪恶、愚蠢和灾祸组成的历史，那就错了。在外交生涯的某些时刻，他曾目睹政治难题得到果断圆满的解决，这些方案不仅令他由衷钦佩，也明显对他自己的治国理论产生了影响。1503年的事件就是一例。在切萨雷·博尔贾和教皇旷日持久的智谋战中，马基雅维里兴致勃勃地关注着尤利乌斯二世如何处理一个复杂的局面：作为敌人的公爵就在自己的教廷里。他提醒军事十人团，教皇对博尔贾“经年累月的仇恨尽人皆知”，但这改变不了博尔贾在他登顶过程中“功劳最大”的事实，因此他“向公爵许下了不少慷慨的诺言”（《出使篇》599页）。困境似乎无法摆脱：尤利乌斯怎么可能既不受公爵的羁绊，又不违背自己庄严的承诺？

马基雅维里很快发现，答案分为两步，都简单得惊人。升任前，尤利乌斯刻意强调，自己是“一诺千金的人”，绝对会信守誓言，与博尔贾“保持联系，以便兑现承诺”（《出使篇》613、621页）。但他刚感觉地位稳固下来，便翻脸不认账了。他不但拒绝授予公爵头衔和军队，而且下令将他逮捕并囚禁在自己的官邸里。目睹他的闪击行动，马基雅维里难以抑制自己的惊愕和仰慕之情。“瞧，”他感叹道，“这位教皇多么光明正大地着手清偿债务：他就这么直截了当地把它们一笔勾销了。”更重要的是，马基雅维里评论道，教皇的名声没受到任何玷污，相反，“所有人都和从前一样热烈地亲吻[①]教皇的手”（《出使篇》683页）。

这次，博尔贾的表现让马基雅维里失望，他竟如此轻易被敌人暗算，一败涂地。马基雅维里以他典型的语气总结道，公爵根本不该以为“别人的话比自己的话更值得信赖”（《出使篇》600页）。尽管如此，观察博尔贾的政治行动无疑让马基雅维里获益最多，他曾有两次难得的场合目睹博尔贾处理和化解一场严重危机的全过程，后者的果决和自信赢得了他毫无保留的尊敬。

一次是在1502年12月，当时罗马涅人突然发声，控诉博尔贾的副手利米罗·德·奥尔科在上年“安抚”该省时采用的高压手段。利米罗自然只是执行公爵的命令，而且成效卓著，整个地区

① “亲吻”原文为bless，字面意思是“祝福”，实际指对教皇行吻手礼表示尊崇。

很快摆脱混乱，恢复了秩序。但他的铁腕政策也激起了广泛的仇恨，此时已威胁到该省的长治久安。博尔贾该如何应对？他的方案干脆利落，却又令人毛骨悚然，马基雅维里的记述也同样简练生动。利米罗被召到伊莫拉，四天之后“广场上发现了他的尸体，被切成了两块，并且一直留在那里，好让所有人看到”。“公爵很乐意向人们展示，”马基雅维里说，“他可以根据手下的功过任意生杀予夺。”（《出使篇》503页）

大致在同一时间，博尔贾还解决了罗马涅的军事困局，他的方式让马基雅维里既震惊又佩服。最初公爵只能依靠当地的小领主为自己提供主要的军事支持。但到了1502年夏，形势已经表明，他们的首领——尤其是奥尔西尼家族和维泰利家族——不仅难以信任，而且已经在密谋背叛。他该如何行动？他的第一步就是直接除掉他们。他假装与他们和好，召集他们到塞尼加利亚开会，将他们集体屠灭。唯有这一次，马基雅维里无法保持他刻意的冷静风格，当他描述这次行动时，坦承“这样的局面”让自己“惊愕得失去了方寸”（《出使篇》508页）。然后，博尔贾决定从此再不借力于这种毫无忠心可言的盟军，而要建立自己的军队。这一做法在当时简直闻所未闻，几乎所有意大利君主都依靠雇佣军作战，但马基雅维里却立刻感觉到这是极具远见的政策。他明显以赞赏的口吻汇报说，公爵不仅决定要让“属于自己的军队”从此成为“他权力的一个基础”，而且开始以惊人的速度招募士兵，“并已举行了有五百步兵和五百轻骑兵参加的检阅仪式”（《出使篇》419页）。马基雅维里改用告诫的语气解释道，他之所以“乐于把此事记录下来”，是因为他已经相信，“任何拥有嫡系部队和良好军备的人，无论形势如何变幻，都能保持优势地位”（《出使篇》455页）。

到了1510年，经过十年出使国外的历练，马基雅维里对自己遇见的多数政治家都有了定评，只有尤利乌斯二世仍多少让他捉摸不透。一方面，马基雅维里觉得教皇在1510年对法国宣战的行为近乎疯狂，是不负责任的行为。无须任何想象力便可看到，“这两大势力的敌对局面”对佛罗伦萨来说意味着“最可怕的祸患”（《出使篇》1273页）。另一方面，他又情不自禁地希望，借助他不计后果的闯劲，尤利乌斯或许会再次成为意大利的救星，而不是灾星。博洛尼亚战役结束后，马基雅维里甚至梦想，教皇会不会“完成更伟大的功业”，让“意大利一劳永逸地摆脱那些企图吞并它的力量”（《出使篇》1028页）。四年之后，尽管国际危机越发严峻，他的恐惧也日益加深，他仍在安慰自己，或许教皇会像“在博洛尼亚那样”，再次“将所有人带在身后”（《出使篇》1244页）。

不幸的是，对马基雅维里和佛罗伦萨来说，事实印证的是他的恐惧，而不是他的希望。由于1511年在战场上严重受挫，尤利乌斯建立了一个最终改变了意大利样貌的同盟。1511年10月4日，他与西班牙国王费迪南德签署了神圣同盟协议，获取了西班牙的军事支持，以对抗法国。1512年的新攻势刚启动，可怕的西班牙步兵就开进了意大利。他们首先击退了法军的进攻，迫使他们撤出拉韦纳、帕尔马、博洛尼亚甚至米兰。然后他们便转身收拾佛罗伦萨。该城一直不敢冒犯法国人，因而也就没有明确支持教皇。现在它要为这个错误付出惨重的代价。8月29日，西班牙人洗劫了邻近的普拉托城，三天以后佛罗伦萨人就投降了。元首索代里尼逃往国外，美第奇家族时隔18年重返佛罗伦萨，几周之后共和国就瓦解了。

马基雅维里的好运和共和国政府的好运一起崩溃了。11月

7日，他被正式解除国务厅的职务。三天以后，他被判处在佛罗伦萨国土上监视居住一年，保证金高达一千弗罗林[①]。1513年2月，真正的厄运降临了。他被误认为卷入了一起针对新上台的美第奇政府的未遂政变，一番酷刑折磨之后，他被投入监狱，并被处以巨额罚金。后来他在《君主论》的献词中向美第奇家族诉苦："时运的恶意强烈而执拗"，以迅雷之势凶狠地击倒了他（11页）。

① 1252年开始在佛罗伦萨流通的金币。

第二章

君主智囊

佛罗伦萨的时代背景

1513 年初，美第奇家族取得了最辉煌的胜利。2 月 22 日，得知尤利乌斯二世的死讯后，红衣主教乔瓦尼·德·美第奇动身前往罗马，3 月 11 日红衣主教会议推选他为新教皇，名号为利奥十世。从一个角度看，这让马基雅维里的希望再次遭受打击，因为它为佛罗伦萨的新政权赢得了史无前例的凝聚力。乔瓦尼是第一位出任教皇的佛罗伦萨人，根据当时著名日记作家卢卡·兰杜奇[①]的记载，全城举行篝火晚会和烟花表演，欢庆持续近一星期。但从另一个角度看，这也为马基雅维里带来了意料之外的好运：为了表示庆祝，政府宣布大赦，他也在释放之列。

刚一出狱，马基雅维里便开始盘算，如何向城市的新统治者推销自己。他以前的同事弗朗切斯科·韦托里已被任命为驻罗马大使，马基雅维里不断给他写信，催促他四处游说，“好让我从教皇大人那里获得一官半职”（《书信集》244 页）。然而，他很快意识到，韦托里派不上用场，或者可能不愿帮忙。马基雅维里万

① 兰杜奇(1436—1516)，佛罗伦萨药剂师，1450 年开始记日记，一直到死。他的日记成为研究佛罗伦萨的重要史料。

分沮丧，退居自己在圣安德里亚的小农场，只为(他在给韦托里的信中如是说）“避开所有人的脸”（《书信集》516页)。正是在那里，他第一次更多地从分析者而不是参与者的角度开始思考政治。最初，他的想法都表达在给韦托里的长信中，滔滔不绝地论述了法国和西班牙重新干预意大利的政治含义。后来，为了打发被迫赋闲的时光(如他在12月10日的信中所说)，他开始系统地总结自己的外交经验、历史的教训和治国术的原则。

马基雅维里在同一封信中抱怨，他只能住“一间破房子”，靠“一小笔遗产”过活。但他学会了苦中作乐，每晚回到书房，阅读古代历史，“进入古代宫廷，和古人会面”，“与他们交谈，询问他们行动的理由”。在“研究统治的艺术”时，他也在反复思索“15年来”形成的那些观点。他说，最后的结果“是一部小书《论君主国》[①]，在这个话题上我已穷尽自己所能到达的深度”。这部“小书”也就是马基雅维里的杰作《君主论》，根据这封信的说法，它是在1513年下半年撰写的，在圣诞节前完成(《书信集》303—305页)。

马基雅维里向韦托里透露，自己最期望的效果是用这本书引起“我们的美第奇官长们”的注意(《书信集》305页)。他以这种方式自荐—— 正如《君主论》的献词部分所说——是急于以忠实臣民的身份向美第奇家族“表明心迹”（3页)。在这方面的焦虑情绪甚至损害了他在论述时一贯保持的客观标准。在《君主论》第二十章，他激动地宣称，新统治者会发现，“在他们统治初期曾猜忌过的那些人反而比他们最初重用的人更可靠，更有用”

---

① 马基雅维里最初设计的书名是拉丁语 *De Principatibus*，此处对应的英文是 *On Principalities*，直译为《论君主国》，最后发表时的题目是意大利语 *Il Principe*，直译为《君主》，通行译法是《君主论》。

IL PRENCIPE DI
NICOLO MACHIAVELLI,
al Magnifico Lorenzo de Medici.
LA VITA DI CASTRVCCIO
Castracani da Lucca.
IL MODO, CHE TENNE IL DVCA
Valentino per ammazzare Vitellozzo Vitelli,
Oliuerotto da Fermo, il S. Paulo, &
il Duca di Grauina.
I RITRATTI DELLE COSE
della Francia, & dell'Alamagna.
N. M.
IN VENETIA
Per Comin de Trino.
M D XLI.

图2 威尼斯早期出版的数版《君主论》之一的扉页。

(74 页)。这一观点在后来的《论李维罗马史前十卷》中被他自己断然否定(236 页)。显而易见,此处马基雅维里的分析掺杂了某种申辩的味道,他甚至一再声明,"我必须提醒所有的统治者","安于前政权统治"的人永远比其他人"更有用"(74—75 页)。

然而,马基雅维里最关心的当然是让美第奇家族明白,他是值得起用的,是一位不容错过的治国专才。他在献词中称,"若要正确理解统治者的含义",就必须"做熟谙民众心理的人"(4 页)。他以惯常的自信口吻补充说,他的政治见解很可能具有非凡的价值,这有两个原因。首先他强调了自己"在现代事务方面的长期经验",这是他"多年来"用"无数艰险"换来的。然后他自豪地指出,在此期间他"坚持不懈地研究古代史","专注细致"地探求这个不可或缺的智慧之源,已经掌握了治国术的理论精髓(3 页)。

那么,马基雅维里究竟从他的阅读和实践中发现了什么秘诀,可以教给天下的君主,尤其是美第奇家族呢?任何人刚打开《君主论》时,都会觉得这不过是本枯燥的书,它不厌其烦地列举了君主国(principality)的类型以及"夺取和维持政权的方式"(42 页)。在书的第一章,马基雅维里以"国"(dominion)的概念为主题,提出国只有两种——"共和国和君主国"。他立刻撇下了共和国这一类别,声称自己暂时只讨论君主国。然后他又把君主国分为继承国与新建国两类,这也并非什么高明的见解。接下来他又将继承国抛在一边,因为继承国的统治者面临的困难较少,无须自己提供建议。在谈到新建国时,他又区分了"完全新建"和"被统治者吞并、像肢体一样与继承国连接"的两类国家(5—6 页)。他对后一类不太热心,在用三章篇幅分析所谓"混合君主国”[1] 之后，他从第六章开始，集中讨论显然最令他痴迷的话题：“完全新建的君主国”（19 页）。在这个节点上，他对内容又做了进一步的区分，与此同时引入了或许是他的整个政治理论中最重要的对立项，也是《君主论》逻辑的轴心。他断言，建立和维系君主国或者需要“依凭自己的军队和德性”，或者需要“借助他人的力量和时运”（19、22 页）。

论及最后这组对立项时，马基雅维里仍然对第一项不太感兴趣。他承认依凭“自己的德性而非时运”崛起的人都是“最杰出”的领袖，并举出“摩西、居鲁士、罗慕路斯、忒修斯和其他此类人物”为例。但他在同时代的意大利找不到这样的典范（或许弗朗切斯科·斯福尔扎[2] 是唯一的例外）。马基雅维里似乎暗示，在朽败的现代世界里，传说中的“德性”大约已无迹可寻了（20 页）。因此，他关注的是借助时运和外国军队建立的君主国，这类例子在现代的意大利就比比皆是了。最有启发意义的是“靠父亲的时运登上高位”的切萨雷·博尔贾，对于所有“通过时运和别人的军队获得权力”的人来说，他的政治生涯都“值得效法”（28 页）。

上述论点标志着马基雅维里的逐级分类已经结束，他开始专心讨论自己最关心的一类君主国。读到这里我们也已清楚，尽管他竭力维持假象，仿佛所有分类完全不带感情色彩，其实却有一个狡猾的设计，刻意突出某一类君主国，而他这么做，是有地域原因和个人原因的。他声称，亟需专家建议的情形是统治者借助时运和外国军队上台。《君主论》的当代读者都不会忘记，马基雅维里抛出这一论点的时候，美第奇家族刚刚恢复了他们在

---

① 即上句所说的和“继承国”连接在一起的“新建国”。

② 斯福尔扎（1401—1466），米兰公爵，斯福尔扎王朝的创建者，原为雇佣军首领。

佛罗伦萨的统治,他们依靠的正是出乎意料的好运和西班牙国王费迪南德势不可挡的军队。当然,这并不意味着马基雅维里的见解没有任何普遍意义,无须重视。但这本书给人的印象的确是,他希望当时的读者集中关注一个时间、一个地点。这个地点就是佛罗伦萨,这个时间就是《君主论》成书的时间。

古典遗产

当马基雅维里和同时代人觉得有必要思索时运在人类事务中的巨大力量时——例如在 1512 年,他们大都会转向古罗马的史家和道德论者,希望在古人那里找到对这位女神[①]性格的某种权威分析。这些古代作家的传统说法是,如果一位统治者是靠时运女神的干预获得权力,那么他首先要学习的功课便是敬畏她,即使她满载礼物而来。李维在《罗马史》第三十卷加入了一段影响深远的话来阐明此观点。他描绘的是汉尼拔最终向年轻的西庇阿投降的戏剧性时刻。汉尼拔在投降演说的开头以羡慕的语气评论道,自己的征服者是"一位从没被时运欺骗的人",但这反而促使他冷峻地告诫人们,留意时运在人类事务中的位置。不仅"时运的力量巨大",而且"最大的好运永远最不能信赖"。如果我们指望时运把我们送上高位,那么当她背弃我们的时候,我们只会跌落得"更加悲惨",而她最后必然会这样做(XXX.30.12—30.23)。

然而,古罗马的道德论者从不认为时运是一种本质邪恶的力量。相反,他们把她看成一位善神(bona dea)和潜在的盟友,她

---

① Fortune(拉丁语 Fortuna)在古罗马常被视为一位女神,这一观念一直沿袭下来,文艺复兴时仍然流行。关于 Fortune 的翻译,参考第一章的注释。

的青睐值得争取。寻求她的友谊自然是因为她掌管着好运——所有人似乎都天生渴望的东西。人们对好运的描述各式各样:塞涅卡推崇名誉和财富,萨卢斯特更喜欢荣耀和权势。但大家普遍认为,时运的种种礼物中,最珍贵的是名誉和与之相伴的荣耀[①]。正如西塞罗在《论义务》中反复强调的那样,人的至福是"获得荣耀","提高个人的名誉和荣耀",获得与自身能力相称的"真正荣耀"(II.9.31; II.12.42; II.14.48)。

那么,我们如何才能说服时运女神垂青于我们,将丰饶角[②]中的宝贝倾泻到我们而不是别人身上呢?答案是,尽管时运是一位女神,她仍是一位女人,既然她是女人,就最容易被 vir——真正阳刚的男人——吸引。因此,人们认为她尤其喜爱奖赏的一个特质是勇武。例如李维就曾多次引用"时运偏爱勇者"的格言。但她最仰慕的特质是"德性"(virtus),也就是真正阳刚男人的属性。这个信念背后的思想在西塞罗《图斯库兰论说集》[③]中体现得非常清楚,他明确提出,真正男人的标志就是拥有最高程度的"德性"。李维在《罗马史》中充分探讨了这一论断的内涵。书中罗马人的每次胜利几乎都是用同样的逻辑解释的:时运喜欢追随甚至侍奉德性,并会降福于展示德性的人。

基督教取得统治地位后,这套古典的时运阐释被彻底推翻了。基督教的论证否定了时运可以受人影响这个关键前提,最有

---

① "名誉"(honour)和"荣耀"(glory)很难截然分开,但也有区别,前者主要是指社会对个人的称赞和尊重,后者主要指地位和事业(尤其是军功)的辉煌。

② 时运女神的传统饰物,羊角形,象征着丰收和好运。

③ 西塞罗的哲学文集,因为他别墅所在的地方(Tusculum)而得名。

说服力的例子是波伊提乌的《哲学的安慰》。这位女神从此被描绘成"一种盲目的势力",在分发礼物时毫无目的,不加任何区别。她不再是一位潜在的朋友,而是一股不知怜恤的力量;她的徽记不再是丰饶角,而是变动之轮,"像潮涨潮落一样"永无休止地转动(177—179页)。

人们对她本性的认识变了,她的意义也变了。由于她在实施奖赏时毫无标准,全然不关注人的功过,人们相信,她的价值在于提醒我们,时运的种种好处根本不值得追逐;按照波伊提乌的说法,对世俗名誉和荣耀的欲望"其实都是虚幻的"(221页)。因此,她的作用是指引我们避开荣耀之路,让我们把目光投向人间牢狱之外,寻找我们天上的家。但这也意味着,虽然她专横无常,其实却是上帝的婢女(ancilla dei),仁慈神意的一个工具。因为上帝救赎计划的一部分就是向我们显明,"幸福不在于尘世生活中的偶然之物",这样我们才能"鄙视世俗事务,因为对天国的眷恋而乐于摆脱物质的羁绊"(197、221页)。波伊提乌得出结论:正是为了这个缘故,上帝才将尘世福禄的分配交给混乱的时运。他的用意是让我们明白,"财富不能带来满足,王位不能带来权力,职司不能带来尊重,荣耀不能带来名声"(263页)。

波伊提乌化解了时运和神意的对立,对意大利文学产生了持久影响。但丁《地狱篇》第七章和彼得拉克《两种时运的药方》中都能发现其痕迹。然而,随着文艺复兴的深入,古典价值观得到恢复,将时运视为上帝婢女的观点受到质疑,人们重新遵循更早的看法,认为必须区分时运(Fortune)和命运(fate)。

产生这一变化,是由于当时对人类所特有的"卓越和尊严"有了新的理解。传统认为,上述属性源于人拥有不朽的灵魂,但彼得拉克的后继者们却越来越倾向于把问题的重心转到自由意志上。然而,他们感觉时运不受人左右的观念威胁到了人的自由。于是,一个相应的趋势出现了,它否认时运仅仅是神意的工具。一个突出的例子是,皮科·德拉·米兰多拉抨击了占星术这门所谓的科学,声称它基于一个错误的假设——我们的时运在出生那一刻就已经被星座无可更改地分给我们了。在稍后的文学中,我们发现作家普遍诉诸一种更积极的时运观,例如莎士比亚戏剧中,卡修斯就对布鲁图斯说,如果我们没能建立期待的功业,过错一定"不在我们的星座,而在我们自己"①。

以这样一种对待自由的新态度为基础,15世纪意大利的人文主义者成功地恢复了古典著作中时运女神在人类事务中的丰满形象。这在莱昂·巴蒂斯塔·阿尔贝蒂的《论家庭》和乔瓦尼·蓬塔诺的《论时运》中都有体现,最有代表性的例子是埃涅阿斯·西尔维乌斯·皮科洛米尼于1444年撰写的小册子《时运女神之梦》。作者梦见自己在指引下游历时运女神的王国,并且见到了女神,她同意回答他的提问。她承认自己行使权力时固执任性。当他问"你会善待人们多久"时,她答道:"无论对谁,都不会太久。"但她远非对人的优劣毫不在意,听到"有些技艺可以帮助人们获得你宠爱"的说法,她并没否认。最后,作者问她尤其喜欢和讨厌什么品质,她答道,"缺乏勇气的人最让我憎恶",这让人联想起"时运偏爱勇者"的观念②。

在《君主论》倒数第二章讨论"时运在人类事务中的力量"时,马基雅维里对这个关键话题的处理表明,他是人文主义态度的典型代表。在该章开头,他引用了人们普遍相信的说法——

① 出自莎士比亚历史剧《凯撒》。

② Aeneas Sylvius Piccolomini, 'Somnium de Fortuna' in *Opera Omnia* (Basel, 1551), p. 616.——原书注

人“被时运和上帝统治”，指出这种观念显然意味着，面对世界的变迁“我们无计可施”，因为一切都已被神意预定（84页）。针对这些基督教的信条，他立刻抛出了一套关于自由的古典式分析。他承认，人类的自由当然很不完整，因为时运女神的力量太强大，“或许支配了我们一半的行动”。但他坚称，如果相信我们的命运完全受她摆布，就会“消灭人类的自由”。由于他坚决赞同人文主义的观点——“上帝不愿凡事都亲自处理，以免剥夺我们的自由和属于我们的荣耀”，他自然的结论是，我们的行动大约有一半在自己的真实掌控中，而不是被时运支配（84—85页、89页）。

为了阐明人是自身命运的主宰这个想法，马基雅维里仍然采用了源于古典时代的意象。他强调“时运是一位女人”，自然会被男人阳刚的品质打动（87页）。所以，他相信人的确可能将时运女神变为自己的盟友，学会与她的力量协调行动，抑制她反复无常的本性，这样在所有的事务中都能立于不败之地。

这样的思路将马基雅维里引向了古罗马道德论者最初提出的那个关键问题。我们如何才能与时运女神结盟，如何引诱她赐福于我们？他的回答与古人没什么不同。他强调她是勇者的朋友，喜欢“谨慎不足、冒险有余”的人。他提出的看法是，最能让她兴奋并采取行动的品质是阳刚男性的德性。他先从反面落笔，称缺乏德性尤其令女神愤怒和憎恶。正如拥有德性就像筑起了抵挡她汹涌洪水的大堤，她的怒潮也总向“没有任何堤防”的人奔腾而去。马基雅维里甚至提出，她只在拥有德性的人无力抵抗她时才施展自己的大能，这意味着她对这个品质如此钦慕，永远不会对显示出德性的人发泄她致命的敌意（85、87页）。

马基雅维里不仅重复了这些古典的论述，而且给它们添加了一点罕见的情色味道。他暗示，时运女神甚至可能有些乖戾，渴望人们狂暴地对待自己。他不仅声称,“时运是一位女人,如果你想控制她,就必须对她粗暴些”,还说她事实上“更愿屈服于敢于侵犯她的人 ”(87页)。

人们可以如此占时运女神的便宜,这种观点有时被视为马基雅维里的专利。但即使在这里,他的灵感也来自一系列现成的熟悉意象。塞涅卡早就强调过,必须用暴力对抗时运女神,皮科洛米尼在《时运女神之梦》中甚至已经开掘过这种观念的情色意蕴。当他问女神“谁能和你相伴最久”时,她承认,最吸引她的是“最激烈地抵抗她、让她的大能无法施展的人”。他最后提出一个大胆的问题:“生者中谁最合你的意?”她告诉他,自己鄙视“见了我就逃跑的人”,而“把我赶跑的人”却能激发她的欲望。[①]

如果人能扼制时运的负面作用,从而实现他们的最高目标,下一个问题便是新建立政权的君主该为自己设立什么目标。马基雅维里从最低条件开始论述,这个短语在《君主论》中反复出现。最基本的目标必定是维持政权,他的意思是新君主必须守住原来的局面,尤其是控制好主要的管理体系。然而生存之外,还应追求更高的目标。从他的具体阐述可以看出,马基雅维里是古罗马史家和道德论者的真正传人。他相信,所有人最希望获取的是时运女神的宝物。因此,他完全忽略了正统的基督教律令(例如圣托马斯·阿奎那在《君主统治》中就强调了这一点),那就是好的统治者应当拒绝尘世荣耀和财富的诱惑,以确保获得天国的奖赏。相反,马基雅维里认为,显而易见,人注定要竞逐的最高奖赏正是“荣耀和财富”——时运女神所能赐予的最美妙的两件礼物(85页)。

---

① Aeneas Sylvius Piccolomini, ‘Somnium de Fortuna’ in *Opera Omnia* (Basel, 1551), p. 616.——原书注

然而，和罗马道德论者一样，马基雅维里也把获取财富视为庸俗的追求，宣称对"具远见和德性"的君主而言，最崇高的目标是创立一种"能给他带来名誉"、为他赢得荣耀的统治形式(87页)。他补充道，新君主甚至有机会获得"双重荣耀"：他们不仅可以创建新的君主国，而且能够用"好的法律、强大的军备、忠实的盟友和典范的行为"来巩固政权(83页)。这样，和李维、西塞罗一样，马基雅维里也把赢取现世的名誉和荣耀看成最高的目标。他在《君主论》末章设问：意大利的现状是否有利于新君主获得成功？他觉得这个问题可以转换成：具备德性的人是否能"将它塑造成一种为他赢得名誉的样式"(87页)。他在表达对西班牙国王费迪南德(同时代政治家中他最敬仰的一位)的钦佩之情时，给出的理由便是，费迪南德所成就的"伟业"已使他成为"整个基督教世界最著名、最荣耀的国王"(76页)。

马基雅维里认为，如果君主继承了一个"已经习惯本家族统治"的国家，实现这些目标(至少在最低程度上)并不特别困难(6页)，但对新君主国的统治者来说任务就异常艰巨，如果他是借助好运登上高位的，难度就更大。这类政权"无法形成坚实的根基"，很容易在时运女神随意刮起的第一场风暴中就被吹得无影无踪(23页)。而且，他们不可以(更准确地说，绝对不能)相信时运会继续善待自己，那样做就是依靠人类事务中最不能依靠的力量。所以，在马基雅维里看来，下一个问题(也是最关键的问题)是：应当给新君主提供怎样的建议、规诫，一旦"在实践中熟练应用"，就能让他"仿佛磐石般稳固"(83页)？《君主论》剩下的部分主要就是回答这个问题。

马基雅维里革命

马基雅维里给新君主的建议分为两大部分。他的第一个根本论点是,“所有国家的主要基础”都是“好的法律和好的军队”。而且,二者中好的军队更重要,因为“没有好的军队,就没有好的法律”,相反,“有好的军队,就一定有好的法律”(42—43页)。他以典型的夸张语气说,真谛就在于,明智的君主除了“研究战法战例”,“不应有其他的目标和兴趣”(51—52页)。

然后,他把军队分为两个基本类型:雇佣军和公民军。意大利各国几乎全部采用雇佣军,但马基雅维里在第十二章集中火力攻击了这一制度。“多年以来”,意大利人一直“被雇佣军控制”,后果令人震惊:整个半岛“被查理蹂躏,被路易洗劫,被费迪南德扫荡,被瑞士人羞辱”[①](47页)。这样的结局完全在意料之中,因为所有的雇佣军都“百无一用,反添危险”。他们“彼此不和,各怀野心,军纪废弛,毫无忠信”,如果他们还没毁掉你,那只是暂时的,“一旦需要他们上阵,你就在劫难逃”(43页)。对马基雅维里而言,结论不言而喻,他在第十三章中极力主张,明智的君主永远“不要使用这种军队,而要组建自己的武装”。他甚至按捺不住加了一句荒谬的断语,说他们“宁可率领自己的军队承受失败,也不愿借助外国军队获取胜利”(49页)。

如此激愤的语气令人困惑,如果考虑到多数史家都认为雇佣军是一种有效的制度,就更需要解释一番了。一种可能是,马基雅维里在此处只不过遵循了某个文学传统。亚里士多德、李

① “查理”指法王查理八世,于1494—1496年侵入意大利;“路易”指法王路易十二,曾占领米兰;“费迪南德”指西班牙国王费迪南德二世;“瑞士人”曾帮助法国人进攻米兰。

维和波里比阿都曾强调，为国从军是真正公民精神的体现，从莱奥纳尔多·布鲁尼师徒开始，佛罗伦萨的数代人文主义者都继承并发扬了这个观点。然而，即使在效法他最敬重的权威时，马基雅维里也极少如此亦步亦趋。更合理的解释是，虽然他是在普遍意义上攻击雇佣军制度，萦绕在他脑际的却是家乡的悲惨遭遇，在与比萨的长期战争中，雇佣军将领的确让佛罗伦萨蒙受了一系列的耻辱。不仅1500年的战役惨不忍睹，1505年的新攻势同样可悲：战斗刚打响，雇佣军的十位连长就在阵前哗变，不到一个星期，计划就流产了。

我们已经知道，1500年的灾难发生时，马基雅维里发现法国人对佛罗伦萨人冷嘲热讽，这让他深受刺激，鄙视的原因就在于军力太弱，甚至连比萨的叛乱都无法平复。1505年噩梦重演后，他决心采取行动，制订了一份用公民军取代佛罗伦萨雇佣军的详细方案。大议事会于同年12月暂时批准了提议，授权马基雅维里招募士兵。第二年2月他已准备好在市内举行首次阅兵游行，卢卡·兰杜奇观看了表演，大为叹服，在日记中写道："大家认为，这是佛罗伦萨有史以来最好的仪式。"[①]1506年夏，马基雅维里写了《论筹建步兵》[②]，强调"难以把希望寄托在外国的雇佣军身上"，佛罗伦萨应当"用自己的武器、自己的公民武装起来"（3页）。到了年末，大议事会终于被说服了，成立了一个新委员会——"公民军九人团"，马基雅维里任秘书，佛罗伦萨人文主义者最珍

---

① Luca Landucci, *A Florentine Diary from 1450 to 1516*, trans. A. Jervis (London, 1927), p. 218.——原书注

② 此书英文名为 *A Provision for Infantry*，英文 provision 的各种意思放在这里似乎都不妥帖。经过多方查找，仍只读到少量片段，无法判断具体内容，所以不能保证书名翻译的准确，只好存疑。

视的一个理想终于变成现实。

1512年，马基雅维里的公民军奉命守卫普拉托，却被进攻的西班牙步兵轻松击溃——我们或许以为，如此悲惨的表现会浇灭他的热情，然而，他对公民军的信心丝毫没有动摇。一年后，他仍在《君主论》篇末极力劝说美第奇家族，他们的"当务之急"就是建立佛罗伦萨自己的武装(90页)。1521年发表《战争的艺术》(他生前唯一出版的治国术著作)时，他还在重复同样的观点。整个第一卷都在反驳质疑公民军作用的人，极力维护"建立公民军的做法"(580页)。马基雅维里当然承认，这样的军队并非战无不胜，但他坚称，它比其他任何类型的武装都优越(585页)。他夸张地总结称，把一位质疑公民军想法的人称为智者完全是自相矛盾(583页)。

至此我们就明白了，马基雅维里为何觉得切萨雷·博尔贾是一位非凡的军事统帅，并且在《君主论》中断言，给新君主的最佳建议就是仿效这位公爵的行为(23页)。我们知道，公爵残酷地决定处死雇佣军首领，建立自己的军队时，马基雅维里正好在场。这个大胆的策略似乎对马基雅维里的思想产生了决定性的影响。在《君主论》第十三章刚谈到军事政策的时候，他就迫不及待地提到这个例子，并把它作为新君主应当采取的典范措施。他首先称赞博尔贾清楚地认识到雇佣军首领由于缺乏忠诚，是潜在的威胁，应当无情地除掉。马基雅维里甚至夸张地吹捧博尔贾，说他已经抓住了任何新君主若要维持政权都必须理解的基本道理：不再依靠时运和外国军队，招募自己的士兵，做"自己军队的绝对主宰"(25—26页、49页)。

军备和君主，这就是马基雅维里《君主论》的两大关键词。因此，他要让同时代的统治者明白的第二个道理是，希望登上荣耀顶峰的君主不但应有强大的军队，还必须培养君主领导术的恰当品质。关于这些品质的内涵，古罗马的道德论者曾做过影响深远的分析。他们首先指出，所有伟大的统治者必须在某种程度上是幸运的，因为除非时运女神保佑，单靠人的努力，我们是不可能实现最高目标的。但我们在前文谈到，他们也相信一些特定的品质（阳刚男人的品质）易于获取这位女神的眷顾，从而保证我们几乎没有悬念地赢得名誉、荣耀和声望。这种想法的逻辑在西塞罗的《图斯库兰论说集》中总结得最为精辟。他宣称，如果我们的行动是源于对德性的渴望，而不是赢得荣耀的盼望，那么只要时运女神庇佑，我们反而最可能赢得荣耀，因为荣耀就是德性的奖赏（I.38.91）。

这番分析被文艺复兴时期意大利的人文主义者原封不动地继承过来。到了15世纪末，从人文主义角度向君主建言的书已形成可观的规模，通过印刷术这个新媒介，其影响范围也远超前代。巴尔托洛梅奥·萨基、乔瓦尼·蓬塔诺和弗朗切斯科·帕特里齐等著名作者都写过指导新君主的著作，并且都基于同样的原则：拥有德性是君主成功的关键。蓬塔诺在论《君主论》的小册子中极其高调地宣称，任何统治者若想达到自己最崇高的目标，就“必须”在所有公共行为中“毫不懈怠地遵从德性的命令”。德性是“世界上最辉煌的东西”，甚至比太阳还灿烂，因为“盲人看不到太阳”，“却能清楚明白地看见德性”。[①]

马基雅维里在论述德性、时运和如何实现君主目标时，完全沿用了上述观念。他第一次明确表达自己的人文主义立场是在《君主论》第六章，他提出，“在一个全新的君主国，新君主维持政

① Giovanni Pontano, 'De principe' in *Prosatori Latini del Quattrocento*, ed. E. Garin (Milan, n.d.), pp. 1042-4.——原书注

权的难度”基本取决于他是否“具备一定的德性”（19页）。后来在第二十四章，他又强化了这个观点，该章的主旨是解释“意大利的统治者为何失去诸邦”（83页）。马基雅维里认为，他们遭受的羞辱不该归咎于时运，因为只有在有德性之人不愿抵抗她时“她才显示自己的威力”（84、85页）。他们的失败只能怪自己没能认识到，唯一“有效、可靠且持久”的防御必须建立在自己的德性之上（84页）。他在第二十六章（《君主论》末章以解放意大利的激情“呼吁”闻名）再次强调了德性的作用。马基雅维里在这里提到了那些因为“出众德性”被他在第六章称赞过的无与伦比的领袖——摩西、居鲁士和忒修斯（20页）。他暗示，只有将他们的惊人才能和最好的运气结合起来，才能拯救意大利。他以罕见的谄媚语气补充道，荣耀的美第奇家族幸运地拥有所有必备的条件：他们有非凡的德性，有时运女神的钟爱，而且受到了“上帝和教会的眷顾”（88页）。

常有人抱怨马基雅维里从未给出德性的定义，甚至用法也没有任何系统性。但现在我们可以看出，他是前后一致的。他追随了古典和人文主义的权威，将德性理解为这样一种品质：它帮助君主抵抗时运女神的打击，争取她的青睐，从而登上君主声名的顶峰，为自己赢得名誉和荣耀，为政权赢得安定。

然而，具备德性的人究竟有哪些具体的特征，仍然需要考虑。关于德性，古罗马道德论者留下了一套复杂的分析，按照通常的描述，具备真正德性的人拥有三组既独立又相关的品质。首先，他应当秉有四种“根本”美德：智慧、公义、勇气和节制。这些美德是西塞罗（继承柏拉图）在《论义务》的开篇单列出来的。但古罗马作者又添加了一些他们认为应当专属于君主的品质。最主要的一种（也是《论义务》中的核心美德）是西塞罗所称的“正直”,它意味着信守承诺,与所有人交往永远正大光明。此外,还有必要补充两种品质,《论义务》中已经提及,但详加阐述的是塞涅卡,他为每一种都单独写了著作。一种是与君主相称的“大度”(塞涅卡《论仁慈》的主题),另一种是“慷慨”(塞涅卡《论恩惠》的主题之一)。最后,具备德性的人还应具备一个特征,就是始终牢记,要想赢得名誉和荣耀,我们必须始终尽我们所能按照德性的要求行事。这个观点——符合道德的永远是理性的——是西塞罗《论义务》的灵魂。他在第二卷中指出,许多人相信“一件事可能符合道德,却不方便做;或者方便做,却不符合道德”。然而这是错觉,因为只有用符合道德的方法,我们才可能实现期望的目标。任何相反的表象都是欺骗性的,因为所谓“方便”永远不可能与道德要求发生冲突(II.3.9—3.10)。

为文艺复兴时期君主建言的作家们全盘继承了这套说辞。他们的基本假定是,德性总的概念应当涵盖全部“根本”美德和专属君主的美德,并且一边继续添加条目,一边不厌繁琐地细分。例如,在帕特里齐的《国王的教育》中,德性的顶级概念下竟层层罗列了君主应当培养的40种美德。然后,他们毫不犹豫地接受了古人的论点,相信君主应当采取的理性行动永远是符合道德的行动——他们的论证如此雄辩,最后“正直是最好的政策”几乎成了政治谚语。此外,他们还从基督教的特有立场出发,增加了一条反对将利益与道德割裂开来的理由。他们坚称,即使我们在此生通过不义手段获得了利益,在来生接受上帝的公义审判时,这些表面的好处也会被没收。

阅读马基雅维里同时代的道德论著,我们会发现这些论点被不厌其烦地重复。但当我们转向《君主论》时,却发现人文主义道德的这一面突然被粗暴地颠覆了。剧变在第十五章露出端倪，马基雅维里在开始讨论君主的美德与恶德时，淡定地警告读者，“我深知这个话题许多人都写过”，但“我要说的与别人的见解有所不同”（54页）。首先，他提到人文主义的老生常谈：有一些专属君主的美德，包括慷慨、仁慈、诚实，所有的统治者都有义务培养这些品质。接下来他承认（仍是正统的人文主义立场），如果君主能在任何时候都如此行事，“自然应当极力称颂”。但接下来他完全否定了人文主义的基本预设，那就是统治者若要实现自己的最高目标就必须拥有这些美德。人文主义者指导君主的这条金科玉律被他视为显而易见的、灾难性的错误。他对目标本身的性质自然没有异议：每位君主都要保住国家，并为自己争得荣耀。但他指出，若要实现这些目标，没有统治者能完全具备这些“公认为善”的品质，或者把它们全部贯彻到行动中。任何君主面对的真实情形都是在一个恶棍横行的黑暗世界里竭力保护自己的利益。在这样的条件下，如果“他不做人实际所做的，非要做应该做的”，就只会“削弱自己的权力，不可能维持它”（54页）。

在批判古典和当代的人文主义时，马基雅维里的论证并不复杂，却极具杀伤力。他提出，如果统治者意欲实现最高的目标，他会发现符合道德的并不总是符合理性；相反，他会意识到，持之以恒地培养所谓君主的美德其实是不理性的、灾难性的做法（62页）。但如何应对基督教的反驳呢？既然一切不义行为在末日审判时都会受到惩罚，如此置之不理难道不是既愚蠢又邪恶吗？马基雅维里对此一言不发。他的沉默胜过雄辩，甚至是划时代的。它像雷霆般在基督教的欧洲回响，起先大家惊愕无语，随后报以诅咒的号叫，余音今日不绝。

如果君主不应奉行传统的道德，他们该如何行动？马基雅维里的答案出现在第十五章开头，这是他对新君主提出的正面建议的核心。明智的君主考虑的第一原则是形势所迫：如果他“希望保持权力”，就应永远“准备在必要时做违反道德的事”（55页）。三章以后，他重申了这条基本教义。在条件允许时，明智的君主可以行善，但“如果时势不允许行善”，他“就必须有为恶的意愿和决心”。而且，他必须接受这个事实：“为了保持权力”，他经常都会由于形势所迫“做出奸诈、残忍和违背人性的事”（62页）。

我们已经知道，马基雅维里在外交生涯的早期就认识到了这一点的重要价值。1503年和1505年先后与沃尔泰拉红衣主教和潘多尔福·彼得鲁奇谈话后，马基雅维里便觉得有必要把这条后来成为他政治思想核心的意见记录下来：成功治国术的要诀在于承认时势的力量，接受形势所迫之事，让自己的行为与时代相适应。潘多尔福给他开出治国秘方的第二年，马基雅维里自己也首次提出了一套类似的看法。1506年9月他在佩鲁贾停留，在追踪尤利乌斯二世的倥偬战事之余，他在一封给朋友焦万·索代里尼的信中阐述政治和军事的成败原因。他写道：“自然赋予了每个人特殊的才能和灵感”，“人人都受它控制”。但是“时代各不相同”，而且“时时在变”，所以“凡是不能调整行事方式的人”都必然会“今日遭逢好运，明日遭遇厄运”。结论不言而喻：谁要想“永远享受好运”，就必须“有足够的智慧与时俱化”。如果人人都能如此“驾驭自己的天性”，让“行事方式与时代契合”，那么“智者就果真能够主宰星座和命运了”（73页）。

七年后，在创作《君主论》时，马基雅维里把这些他谦称为“怪论集”的文字几乎直接搬进了讨论时运如何影响人类事务的那一章。他说，每个人都喜欢按本性行事：有人谨慎，有人冒进；有人尚勇，有人好谋。但与此同时，“世易时移”，如果统治者“固守自己的方法”，最终定会“遭受灾祸”。然而，如果人能学会“让个性随时代和时势而变”，时运就不会变。所以成功的君主必须永远做与时俱化的人（85—86页）。

至此我们已清楚看到，马基雅维里在“君主宝训”这类体裁中发动的革命，其基础实际上是对德性这个关键概念的重新定义。他继承了传统的概念框架，把德性视为一系列品质的集合，它帮助君主与时运结盟，赢得名誉、荣耀和声望。但他却斩断了这个词的意义与“根本美德”和“君主美德”的必要联系。他提出，真正有德性的君主应当具备的首要品质是，为了实现自己的最高目标，他愿意做一切形势所迫的事，无论它碰巧是邪恶还是高尚。因此，“德性”描述的恰恰是君主不受道德拘束的这种必要品质：“他必须根据时运的风向和形势的起伏随时改变自己的行为。”（62页）

马基雅维里费了不少唇舌，并且用了他最恶毒的反讽语气来凸显其思想与人文主义政治学传统之间不可逾越的鸿沟。在古典道德论者和他们的无数追随者那里，道德的典范性是阳刚男性的根本特征。因此，放弃德性不只意味着放弃理性，也意味着放弃人类的地位，沦为兽类。正如西塞罗在《论义务》第一卷中所说，人的过犯有两种，一种通过强力，一种通过欺骗。他声称，两种都有“兽类的印记”，“配不上人的尊贵”——因为强力是狮子的特性，而欺骗“似乎是狡猾狐狸的本性”（I.13.41）。

与此相反，在马基雅维里看来，仅有人性似乎是不够的。他在第十八章开头写道，人的确有两种行事方式，“一种适合人类，一种适合兽类”，但“因为前者往往不能奏效，所以必须求助于后者”（61页）。所以，君主需要知道模仿哪种动物。马基雅维里的著名建议是，他如果“同时”模仿“狐狸和狮子”，在人类正当行事的理想外，用兽类的强力和欺骗作为补充，就会取得最佳的效果（61页）。下一章也强调了这个观点，马基雅维里特别讨论了他最喜欢的一位历史人物——古罗马皇帝塞普蒂米乌斯·塞维鲁。首先，他肯定这位皇帝很有德性（68页）。然后在解释自己的论断时，他说，塞普蒂米乌斯的优点在于"兼具狮子的凶猛和狐狸的狡猾"，结果"人人对他都既畏且敬"（69页）。

在分析收尾时，马基雅维里列举了真正有德性的君主应当遵循的行为方式。在第十九章，他从反面来阐述，强调这样的君主永远不会做让人鄙视的事，也会永远尽力避免成为仇恨的对象（63页）。在第二十一章，他从正面描述了德性的涵义。有德性的君主会永远卓然独立，无论是"作为可靠的盟友还是坚决的敌人"。与此同时，他会像西班牙国王费迪南德那样，确保在臣民心目中的高贵形象，投身"伟业"之中，让臣民永远"在挂虑和惊奇中等待结局"（77页）。

借助这番描述，我们可以轻易地找到马基雅维里仰慕切萨雷·博尔贾的另一条理由，尽管他有明显的局限，马基雅维里总是想把他树为其他新君主可以效法的德性典范。因为博尔贾曾经在一个令人震恐的场合表明他透彻地理解这一点：既让臣民敬畏又不能被他们仇视，是至关重要的。当时他意识到，在利米罗·德·奥尔科精明却残暴的治理下，自己在罗马涅的政府已面临最可怕的危险——被臣民仇视。我们知道，马基雅维里亲眼目睹了博尔贾解决困局的冷血手段：他断然处死了利米罗，并将他抛尸广场，以释人们心头之愤。

避免被大众仇恨和鄙视是生死攸关的事，马基雅维里的这一信念或许可以追溯到此刻。但是，即使公爵的行动仅仅强化了他对政治现实已有的领悟，眼前的一幕也无疑给他留下了难以磨灭的印象。他在《君主论》中讨论仇恨和鄙视的话题时，正是用这个记忆中的事件来阐释的。他明确指出，自己思索之后认定博尔贾的行动完全正确。它果断、勇敢，准确地达到了预想的效果，因为它“既让民众满意，也让他们惊愕”，同时还清除了仇恨的根源。马基雅维里以最冷酷的语气总结道：博尔贾的政策不仅应当“了解”，而且值得“他人仿效”（26页）。

新道德体系

马基雅维里深知，他对君主德性的这番新解释也引发了一些新问题。他在第十五章中指出了最主要的矛盾：一方面“希望保持权力的君主一定要在形势所迫时甘心为恶”，另一方面他又必须竭力避免招来恶人的名声，因为这不仅不能巩固权力，反而会摧毁它（55页）。困难在于，如何在不得不为恶的同时不给人留下为恶的印象。

真正的问题甚至比这还严重，因为君主的真正目标不只是巩固自己的地位，还要赢得名誉和荣耀。在第八章讲述西西里的阿加托克利斯[①]时，马基雅维里指出，这让任何新君主的处境变得更加艰难。按照他的说法，阿加托克利斯“一直都过着荒淫的生活”，并以“骇人听闻的残暴为世所知”。这些特点给他带来了巨大的成功，让他从“最卑贱的出身”登上了叙拉古的王座，并且在统治期间“境内平安”（30—31页）。但马基雅维里以发人深省的措辞告诫我们，这种肆无忌惮的暴行或许能为我们赢得权力，却“不能赢得荣耀”。虽然阿加托克利斯可以凭借这些特点

---

① 阿加托克利斯（公元前361—前289），西西里城邦叙拉古的僭主，将迦太基势力赶出了西西里。叙拉古是希腊人在西西里建立的最著名的城邦。

保住政权，它们却“不能称为德性”，也使得“他无法跻身杰出人物之列”（31页）。

马基雅维里拒绝承认，如果严格限制君主的恶行，光明正大地对待臣民和盟友，就可以解决这个困局。这种做法恰恰是最不可行的，因为所有人在所有时候都“忘恩负义、见异思迁、表里不一、逃避危险、贪求好处”，所以任何统治者“如果完全相信他们的承诺，而不另做防范，只会身死国灭”（59页）。这意味着，君主，尤其是新君主如果要保住位置，不受欺骗，一定会经常（而不是偶尔）因形势所迫做出违反人性的事情（62页）。

这些困难是巨大的，但并非不能克服。君主只需记住，虽然不必拥有通常公认为善的全部品质，装作拥有它们却是绝不可少的（66页）。慷慨的形象是值得羡慕的，仁慈而非残酷的形象是应当追求的，功勋卓著的形象是至关重要的（56、58、64页）。因此，解决的办法是做一位高超的仿冒者和掩饰者，学习“迷惑人心”的技巧，让他们不辨真伪（61页）。

马基雅维里很早就领教了迷惑人心的用处。我们知道，1503年末，他曾亲历切萨雷·博尔贾和尤利乌斯二世之间的争斗，当他在《君主论》中讨论掩饰的话题时，首先浮上心头的显然仍是当时的情景。他立刻提到了自己曾目睹的这一幕，用它作为主要的例子来证明，必须时刻警惕君主的两面派手法。他记得尤利乌斯极其聪明地掩饰了自己对博尔贾的仇恨，让公爵犯了超级错误，竟相信“新恩惠能让大人物忘记旧仇怨”（29页）。这样，他的卓越演技就派上了大用场。他在博尔贾鼎力支持下当选教皇后，突然露出真容，与公爵反目，将他彻底击垮。博尔贾这次自然铸成大错，马基雅维里觉得他理当受到严厉指责。他早该知晓，散布烟幕弹的才能是任何成功君主的必备技艺（34页）。

然而,马基雅维里不可能意识不到,将欺骗的技艺奉为成功的关键,有让自己显得过于圆滑之忧。更正统的道德论者都曾认真讨论过用伪饰迅速获取荣耀的建议,但最后都排除了这种可能性。例如西塞罗就曾在《论义务》第二卷明确提出这个想法,但又因为太过荒谬而摒弃了它。他宣称,任何人"如果以为靠伪装能赢得长久的荣耀"都"错得太远"。原因在于,"真正的荣耀根深枝广",而"一切伪装都像脆弱的花一样转瞬坠落地面"(II.12.43)。

和前面一样,马基雅维里用最刻薄的语气反击此类真诚的情感。他在第十八章中坚称,伪装不仅对于君主的统治不可或缺,而且如果需要,也不难保持得足够长久。他提供了两条理由来支持这个蓄意挑衅传统的论点。第一条是,多数人都头脑简单,尤其擅长自欺,他们通常都是只看事物表面,完全不加分析(62页)。第二条是,在评判君主的行为时,即使最精明的观察者往往也只能借助表象,因为君主与大众隔绝,又罩着威严的光环,"每个人都能看见你的外表",却只有"极少数人能直接感受你的真相"(63页)。所以完全不用担心你的诸般罪过会泄露,相反,"娴熟的欺骗者会发现,甘愿受骗的人所在皆是"(62页)。

马基雅维里讨论的下一个问题是,对于他所极力鼓吹的这些新准则,我们该采取何种态度。乍看起来,他似乎选择了比较传统的道德立场。他在第十五章中称,如果新君主表现出通常公认为善的品质,"自然应当极力称颂";他还说,抛弃"君主美德"就等于学习"做违反道德的事"(55页)。同样的价值标准甚至在恶名昭彰的《统治者如何守信》这一章也出现了。马基雅维里首先承认,当一位统治者"行事磊落,不用诡计"时,所有人都知道这应当称赞(61页)。他接着又说,君主不仅应看起来符合传统美德，而且只要形势允许，就应“真正践行美德”。在可能的条件下，他“不应偏离正确的行为，但在形势所迫时，他要有能力踏上为恶之路”（62页）。

然而，第十五章中却引入了两种不同的论证，并且每种后来都有继续发挥。首先，马基雅维里有些怀疑，那些公认为善其实却会毁掉我们的品质是否真的配得上美德之名。既然它们易于造成灾难，他宁愿说，它们“似乎是美德”；既然相反的品质更可能巩固我们的位置，他宁愿说，它们只是看上去像恶德（55页）。

后面两章都对这种说法做了进一步的开掘。名为“慷慨与吝啬”的第十六章选取了一个所有古典道德论者都考虑过的问题，却把论点颠倒过来。西塞罗在《论义务》中（II.17.58和II.22.77）讨论慷慨的美德时，认为它既是一种“避免让人觉得吝啬”的欲望，也是一种意识：对政治领导人来说，最不可容忍的恶德便是吝啬和贪婪[1]。马基雅维里回应说，如果这就是所谓的慷慨，那么它不是美德，而是恶德。他的理由是，统治者如果希望避免吝啬的名声，会发现自己“需要大张旗鼓地挥霍”。一旦这样做了，为了弥补慷慨造成的亏空，他就必须“对人民课以重税”，如此的政策很快就会招致“臣民的仇恨”。相反，如果他当初放弃了慷慨施与的欲望，开始或许会落得吝啬的名声，但“最后臣民反而会觉得他更慷慨”，而且事实上他所践行的也是真正的慷慨美德（59页）。

下一章的标题“残忍与仁慈”包含了一个相似的悖论。这也是古罗马道德论者热衷的话题，塞涅卡的《论仁慈》就是最著名

① “贪婪”，此处的英文是avarice，但它的拉丁语词源avarus其实更偏向“吝啬”的意思，后来虽然演化出“贪婪”的意思，仍表示守财奴式的贪婪，例如葛朗台之类，与greed有差别。

的例子。塞涅卡认为,仁慈的君主总会显得“极其不愿”施行惩罚,只有当“恶劣的罪行一犯再犯,超出他忍耐极限”的时候,他才会考虑此下策,而且只有在“万般犹豫”和“一再拖延”之后,才会以最大限度的仁慈来施行(I.13.4, I.14.1, II.2.3)。面对这个正统观点,马基雅维里同样指出,它完全误解了仁慈的美德。如果你开始竭力表现得仁慈,实际是在“放任混乱局面的发展”,等到“杀戮劫掠”已成为现实才求助于惩罚,比起最初就有勇气重判首犯、以儆效尤的统治者来说,你的行为其实远算不上仁慈。马基雅维里举出了佛罗伦萨同胞的例子:叛乱初起之时,他们不希望给人残忍的印象,等到局面不可收拾,却摧毁了整座城市——这样的结果比他们当初能够设计的残忍手段要残忍许多倍。切萨雷·博尔贾的行为与此形成对照,人们“认为他残忍”,但他的严酷措施却“恢复了罗马涅的秩序”,他所谓的恶行却“赢得了统一、和平和忠心”(58页)。

顺着这个思路,马基雅维里在同一章的后面部分提出了一个密切相关的问题——他仍然意识到了其中的悖论——“是被爱比被怕好呢,还是相反?”(59页)。经典的答案同样可以在西塞罗的《论义务》中找到。“恐惧只是持久权力的一个劣等保障”,而“爱却足以永保它的安全”(II.7.23)。马基雅维里再次表明了针锋相对的立场。他反击说,“被怕比被爱远为保险”。原因在于,许多为君主赢得爱戴的品质也容易为他招来鄙视。如果你的臣民没有“畏刑之心”,他们会利用一切机会欺骗你,为自己牟利。相反,如果你让他们害怕,他们就不敢贸然触犯或伤害你,这样你就更容易管理你的国家(59页)。

这几章中的另一条论证线索以更轻蔑的态度摒弃了传统的人文主义道德。马基雅维里提出,即使通常公认为善的那些品质是真正意义上的美德，鄙视它们的统治者也真是在自甘堕落，他也不用为这些恶德[1]担心，只要他自己认为它们有用，或者与统治行为无关。

马基雅维里在这里的主要用意是提醒新君主，他们最基本的义务是什么。明智的君主“不应该在意自己是否因为恶德落得恶名，没有恶德，他将难以保持权力”。他会意识到，在履行自己基本义务（自然是维持政权）的过程中，这样的批评只是不可避免的代价，他必须承受（55页）。这样的解读最早出现在讨论吝啬这个所谓恶德的时候。明智的君主一旦洞悉吝啬“是帮助他统治的一种恶德”，他就不再关心别人是否觉得自己吝啬（57页）。同样的原理也适用于残忍。无论在政治还是军事领域，在适当时候痛下狠手的意愿对维持良好秩序极为关键。这意味着明智的君主“不应担心得到残忍的恶名”；如果你是军队统帅，这一点就更加紧要，因为没有这样的名声，你就不可能让你的部队“上下齐心，随时可战”（60页）。

马基雅维里最后考虑的是，如果统治者希望治理好国家，戒绝与肉体相关的次等恶德秽行是否重要。为君主建言的作者在处理这个问题时，普遍采用了非常严厉的道德说教。他们的祖师西塞罗在《论义务》第一卷称，行为中正[2]“对道德至关重要”，因此所有掌权者都切忌在私人生活方面不守节操（I.28.98）。马基雅维里对此却不以为然。明智的君主如果能做到，“就会努力

① “恶德”对应的英文为vice，常与“美德”（virtue）并提。

② “中正”对应的英文为propriety，西塞罗原文为decorum。decorum是古罗马人的一个重要概念，含义是“符合道德”、“恰到好处”，通常的译法“合适”、“得体”都冲淡了原词的道德感。译者觉得“中正”兼顾了“适中”和“符合道德”两重意思，更贴近原文。

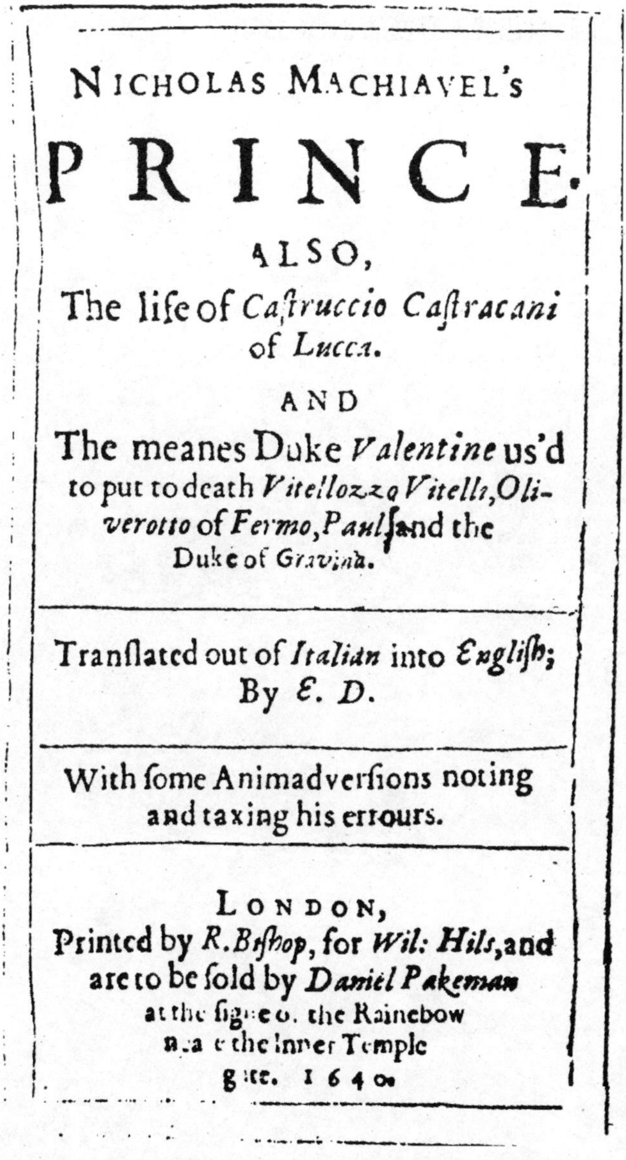

NICHOLAS MACHIAVEL'S

PRINCE.

ALSO,

The life of *Caſtruccio Caſtracani* of *Lucca*.

AND

The meanes Duke *Valentine* us'd to put to death *Vitellozzo Vitelli*, *Oliverotto* of *Fermo*, *Paul*, and the Duke of *Gravina*.

Tranſlated out of *Italian* into *Engliſh*; By *E. D.*

With ſome Animadverſions noting and taxing his errours.

LONDON,
Printed by *R. Biſhop*, for *Wil: Hils*, and are to be ſold by *Daniel Pakeman* at the ſigne of the Rainebow neare the Inner Temple gate. 1640.

图3 爱德华·戴克斯的《君主论》英译本（最早出版的英译本）扉页。

避免这些恶德”;但如果他发现自己改不了,就一定不会为这些普通的道德毛病花费不必要的心思(55页)。

第三章

自由论者

写完《君主论》，马基雅维里心里重新燃起了回归政坛的希望。他在1513年12月给韦托里的信中说，他最大的抱负仍然是“为美第奇官长们效劳，即使他们让我从滚石头做起都行”。他在盘算，要实现这个理想，最有效的办法会不会是直接揣着“我的这本小书”，到罗马面见朱利亚诺·德·美第奇，向他证明“有我辅佐，对他将是一件乐事”（《书信集》305页）。

最初，韦托里似乎愿意支持他的计划。他回信让马基雅维里把书寄给他，他好“看看是否可以进献给教皇”（《书信集》312页）。马基雅维里立刻把前几章的定稿发给他，韦托里的反应是“非常喜欢”，虽然他谨慎地加了一句，“我还没看到书的其余部分，还不想下最后的断语”（《书信集》319页）。

然而很快便可看出，马基雅维里的希望又将被击得粉碎。1514年，韦托里读完了《君主论》，却没给任何反馈，情况不妙。他再没提过这本书，却在信里用自己最近的风流韵事来充篇幅。虽然马基雅维里只好以同样轻佻的笔调回信，他却难掩自己日益焦虑的心情。到了年中，他终于意识到前途黯淡，极度愤懑地告诉韦托里，他放弃努力了。他在信中称，显而易见，“我将注定继续过这种龌龊的生活，没有一个人记得我当初的功劳，或者相信我能干一番事业”(《书信集》343 页)。

遭受这次打击之后,马基雅维里的生活彻底转向了。他丢掉了使臣生涯的梦想,让自己逐渐适应了文人的角色。这一新定位的主要标志是,在乡下过了一年多“穷极无聊”的生活后,他开始积极参加一群人文主义学者和作家举办的活动,他们定期聚集在佛罗伦萨近郊科西莫·鲁切拉伊的花园里,切磋学术,观看表演。

他们在奥里切拉利花园的部分讨论与文学有关。他们会争辩拉丁语和意大利语作为文学语言的优劣,还会朗读甚至表演戏剧。受此影响,马基雅维里为自己的创造力找到了一个新方向:他决定创作一部戏剧。他写出的喜剧《毒参茄》[①] 虽然冷酷,却很精妙,讲述的是一位老法官年轻美貌的妻子被人引诱的故事。原作大概完成于 1518 年,而且很可能先在花园朗读给马基雅维里的朋友听,然后才在后面两年于佛罗伦萨和罗马首次公开表演。

然而,花园聚会时争辩最激烈的显然还是政治话题。其中一位参与者安东尼奥·布鲁乔利[②] 后来在《对话录》中回忆说,他们反复讨论过共和政权的命运:它们如何崛起,如何保持自由,如何衰落,如何朽败,最后如何无可挽回地崩溃。他们对政治自由的兴趣不只停留于空谈。群体的一些成员激烈反对复辟的美第奇“专制”,并卷入了 1522 年刺杀红衣主教朱利奥·德·美第奇

---

① 《毒参茄》(*Mandragola*)的剧名取自一种植物,毒参茄也叫曼德拉草(英文 mandrake),因为外形像人,被视为一种催情药,但传说这种草具有邪恶的生命,因而也是最让人畏惧的植物。

② 布鲁乔利(?—1566),意大利人文主义者、宗教思想家,因为将《圣经》译成意大利语而闻名。

的未遂政变。事败之后,雅各布·达·迪亚切托被处决,扎诺比·布昂德蒙提、路易吉·阿拉曼尼和布鲁乔利本人都被流放。他们都是奥里切拉利花园集团的核心成员,政变失败后,聚会活动就骤然终止了。

马基雅维里从来都不曾激烈支持共和制的自由,所以不愿让自己卷入反对美第奇家族的各种密谋。但与科西莫·鲁切拉伊圈子的接触对他的影响显然还是很深的。参加这些讨论的一个结果是,他写了《战争的艺术》这本书,并于1521年出版。书是以对话的形式展开的,地点就在奥里切拉利花园,鲁切拉伊主持讨论,布昂德蒙提和阿拉曼尼扮演主要的对话者。但与这些共和制拥护者交往最重要的效果是,他决定撰写《论李维罗马史前十卷》[1],这是他最长的著作,就某些方面而言也是他对治国理论最具独创性的贡献。马基雅维里不仅把它献给布昂德蒙提和鲁切拉伊,而且在献词中明确感谢他们:"若没有他们的督促,我永远不会写这本书。"(188页)

强盛之道

马基雅维里的《论罗马史》名义上是对李维《罗马史》前十卷的评注。在这一部分,李维追溯了罗马击败当地竞争对手、驱逐国王、建立"自由国家"的崛起过程。但马基雅维里涉及的李维文本远远超过了书名的限制,而且他在讨论时,常自由联想,不成体系,偶尔甚至显得很破碎。有时他仅仅把李维的记述当作一个连接点,借机广泛探讨治国理论的某个重要话题;有时他只引用李维书中的一位人物或者一个故事,然后总结出一条道理。但

① 以下简称《论罗马史》。

这绝不意味着他的迷宫没有主线可循。《论罗马史》分为三卷，上卷主要关注自由国家的政体，中卷讨论如何有效地保持军事实力，下卷研究领导术的问题。我会按照上述轮廓介绍这本书，但需要记住，马基雅维里原作的结构远没有我勾勒的这么清晰，或许他要避免的正是这种效果。

马基雅维里开始研究早期罗马史的时候，有一个问题始终盘踞在他心头。他在《论罗马史》上卷开篇就提到了它，在书的其余部分它也常是未点明的主题。马基雅维里称，他的目标是发现“使罗马共和国成为霸主”的因素(192页)。罗马究竟靠什么赢得了无与伦比的国力？

这一问题显然与《君主论》的主旨有关。的确，在《君主论》中，马基雅维里拒绝考虑共和国，而在《论罗马史》中，他的主要论据都与共和国有关。但如果据此推论，《论罗马史》仅仅关注共和国，而忽视了君主国，那就错了。马基雅维里在第二章强调，他的兴趣不在共和国政体本身，而在如何统治城邦，无论它们是“共和国还是君主国”(195页)。而且，两本书有颇为相似之处：《君主论》是希望向君主进谏，如何通过建立“伟业”赢取荣耀，《论罗马史》是力图解释某些城邦为何“能够崛起”，罗马为何能脱颖而出，成为“超级强权”，创立“辉煌功业”(207—211页、341页)。

那么，罗马“成为强国靠的是什么方法”(358页)？对马基雅维里而言，这个问题很有实践意义，因为他认可传统人文主义的一种信念：“考察今古之事，任何人都会明白，所有的城邦[①]和民

① 此处和下文多处的英文cities我都没有译成“城市”，而是译成“城邦”，因为其拉丁语词源civitas一般指国家，而且在马基雅维里的著作中，“城市”一词几乎总是包含着独立政治实体的意味，特别是总有佛罗伦萨的影子。

族都有共同的欲望和性格。”这意味着“勤于思索历史的人易于预见未来”，“能够借用古人的疗救之法”，至少“能利用事件的相似性发明新的药方”（278页）。《论罗马史》通篇洋溢的振奋人心的希望是，一旦发现罗马成功的秘诀，我们就有可能复制它。

根据《论罗马史》中卷开篇的说法，对古典时期历史的研究表明，罗马成功的关键可以用一句话来概括：“经验显示，除非处于自由状态，城邦的疆域不会扩大，财富不会增长。”马基雅维里提到，古代世界有两个突出例子可以证明这条普遍真理。首先，“雅典摆脱皮西斯特拉托斯的专制统治之后，仅仅一百年间，就取得了多么长足的发展，想想就令人惊叹”。但“更令人惊叹的是罗马，它摆脱国王的禁锢后，变得多么强盛”[①]（329页）。然而，“在那些受奴役的国家，情形正好相反”（333页）。“一个自由的共同体一旦被专制挟持”，第一样灾祸便是这类城邦“不再前进，国力和财富不再增长，在多数情况下（事实上没有例外）都会倒退”（329页）。

马基雅维里如此强调自由，是因为他首先抱着一个信念：一个城邦若要强盛，就必须摆脱一切形式的政治奴役，无论是暴君统治的“内部”奴役，还是霸权国家的“外部”奴役（195、235页）。下一步的推论是，说任何城邦拥有自由，就等于说除了共同体本身的权威外，它独立于其他任何权威。所以，“自由城邦”就意味着“完全自治的城邦”。这一点马基雅维里在上卷第二章表达得很清楚。他宣布，自己将“放弃讨论”一开始就“臣服于人的城邦”，只考虑从自由起步的城邦，即“从建国之初就靠自己的判断管理自己”的城邦（195页）。在该章的后面部分，马基雅维里重申了这个选择：他首先称赞梭伦的法律创

① 从传说中的建城之年公元前753年到共和国建立之年公元前509年，罗马一直实行君主制。

立了“一种建立在民治基础上的政体”，接着又把这种体制等同于“自由”生活(199页)。

因此，《论罗马史》的第一个普遍结论便是，“只有受人民控制”，城邦“才能在很短的时间内迅速成长”，走向强盛(316页)。这并没有让马基雅维里丧失对君主国的兴趣，他有时(虽然并非始终)愿意相信，君主制政体下仍有可能保持民众的权力(例如427页)。但在共和制与君主制之间，他显然还是更倾向于前者。他在中卷开篇强有力地阐述了理由。“城邦强盛”靠的“不是个人利益，而是公共福祉”，而“无疑只有在共和国中，公共福祉才受重视”。君主制下“情形相反”，因为“对他有利的通常对城邦不利，让城邦获益的却让他受损”。这样，君主统治的城邦很少能“进步”，而“世界上任何享受自由的城邦与行省”却总是“有巨大的收获”(329、332页)。

如果自由是强盛的秘诀，如何才能得到和保护好自由呢？马基雅维里首先承认，一定的好运总是不可少的。一个城邦若想有荣耀的前景，关键在于“开始就是自由的，不受制于任何人”(193、195页)。如果从悲惨的奴役状态开始，城邦“通常很难，甚至不可能发明让它们保持自由”、为它们赢得美名的“法律”(296页)。

然而，和《君主论》中的想法一样，马基雅维里认为，把城邦崛起完全归于无常的时运是极其错误的。在下卷开头讨论这个问题时，他指出，按照普鲁塔克和李维等“重量级”作家的看法，罗马民族的荣耀崛起全是拜时运之赐。但他回应说，自己“绝不承认这一点”(324页)。他随后承认，罗马人的确享受了时运女神的许多恩惠，也从她的种种打击(“目的是锻炼罗马，让它赢得荣耀”)中获益匪浅(408页)。但他坚称(让人再次想起《君主论》)，成就任何大事都不可能只靠好运，它永远是时运和德性这一关键品质共同作用的结果;德性让我们能够平静地忍受厄运,并为我们赢得时运女神的垂青。因此他得出结论:要想理解罗马共和国"为何能成为霸主",我们必须承认,答案其实在于罗马具备"出众的德性",并且让这个关键品质"保持了许多世纪"(192页)。正是由于罗马人"将时运与最高的德性结合起来",他们才保住了最初的自由,并最终主宰了世界(326页)。

当马基雅维里着手分析德性这个关键概念时,他完全沿袭了《君主论》中的思路。他使用这个词的方式的确让人觉得,它的内涵有了一个重要拓展。在《君主论》里,这种品质仅限于最杰出的政治领导人和军事统帅,而在《论罗马史》中,他却明确提出,城邦若想强盛,它的公民整体就必须具备德性(498页)。然而在界定德性的含义时,他基本上重复了以前的论述,不动声色地把《君主论》的惊人结论作为自然的前提了。

按此思路,拥有德性就意味着为了城邦的强盛与荣耀,愿意做任何必需的事,而不去考虑行为本身的善恶性质。这首先被当作政治领导术最重要的品质。和在《君主论》中一样,马基雅维里此处的论证又引述了西塞罗人文主义的价值观,并予以尖刻的批驳。西塞罗在《论义务》中断言,罗慕路斯认定"由他一人做王更方便",并谋杀了孪生兄弟,是犯了一桩难以饶恕的大罪,因为他的辩解"既不合理,也不充分"(III.10.41)。马基雅维里却针锋相对地指出,任何"智慧的理性"都不会"指责任何人在组建君主国或创立共和国时采取非法手段"。谈及罗慕路斯的弑亲行为[①],他主张,"虽然事件的性质指控他,历史的结果却能赦免

① "弑亲"与原文"fratricide"(杀死兄弟的行为)并不完全对应,但因为罗慕路斯和雷姆斯是孪生兄弟,也没有历史证据表明谁稍早出生,直译成"弑兄"或"弑弟"都不准确。

他；在罗慕路斯这样的例子中，最终的善果永远都可以赦免违法者，因为应当受到指责的是用暴力破坏秩序的人，而不是用暴力恢复秩序的人 ”（218 页）。

对普通公民而言，愿意将共同体的福祉置于私利和普通的道德考虑之上，也是同样重要的。马基雅维里在论述这一点时，再次揶揄了古典人文主义的价值观。西塞罗在《论义务》中宣称，“有些行为或者太可憎，或者太邪恶，即使可以拯救国家，智者也不会采用”（I.45.159）。马基雅维里反击道，“如果真正事关国家存亡”，每位公民都有义务知道，“此时已不可再考虑正义、仁慈、荣辱之类的问题了，应当抛开一切顾虑，毫无保留地执行任何可以挽救国家及其自由的计划”（519 页）。

统治者德性与公民德性的共同标志就是：双方都必须努力“增进公共福祉，而不是个人利益，为共同的祖国奋斗，而不是为自己的后代”（218 页）。正是由于这个缘故，马基雅维里认为罗马共和国承载了“如此丰盛的德性”：爱国主义被他们普遍视为“最强大的信念”，结果罗马民族“四百年间始终是王权的敌人，始终热爱祖国的荣耀和公共福祉”（315、450 页）。

保持自由的关键是保持整个公民群体的德性，这种论点显然会引向另一个，也是最根本的问题：我们怎样才能让这种品质广为传播、长盛不衰，以确保城邦获得荣耀？马基雅维里再次承认，一定的好运是必不可少的。除非碰巧有一位伟大的开国者，如同父亲将“女儿一样”的城邦带到世间，让她走上正确的道路，否则强盛之路将难以想象（223 页）。“无缘享有智慧开国者”的城邦几乎总会“陷入某种不利的境地”（196 页）。相反，有伟大开国者的“德性与方法”可资利用的城邦（例如罗马受益于罗慕路斯）已经“拥有最幸运的起点”（244 页）。

城邦之所以需要这种“初始好运”，是因为建立一个共和国或君主国永远不能指望“民众的德性”，因为他们“意见过于庞杂”，永远“不适合组建一个政府”（218、240页）。所以，“创立共和国的重任只能由一人承担”（220页）。不仅如此，一旦城邦“因为道德朽败而衰落”，同样只有“某位在世伟人的德性”（而不是“民众的德性”）才能帮助它走向复兴(240页)。马基雅维里于是得出结论：“我们应当把这视为一条普遍法则：除非由一人创立，极少甚至根本没有任何共和国或君主国能从一开始就有良好的体制”，或者能在后来的某个时候“焕然一新”（218页）。

然而，他接下来却声称，如果任何城邦仅仅依赖初始好运，这种愚蠢之举不但会让它丧失原有的力量，而且城邦很快就会溃灭。因为“一人之力”虽然“适合组建政府”，却没有任何政府“仅靠一人之力”就能长存(218页)。任何寄望于“一人德性”的政体都有一个必然的弱点，那就是“其人一死，德性遂灭，后世子孙极少能企及先祖的高度”（226页）。因此，为了拯救君主国或共和国，与其“拥有一位在世时能明智统治的领袖”，不如“拥有一位善于设计制度的领袖”，以确保国家未来的命运能够转而依靠“民众的德性”（226、240页）。治国术最深的秘密就是知道如何实现这一目标。

马基雅维里强调，这是一个超乎寻常的难题。我们可以期望在城邦的创建者身上找到卓越的德性，却无法奢望同样卓越的德性自发地存在于普通公民中间。相反，多数人“更倾向于为恶，而不是行善”，因此更可能无视共同体的利益，“只要没有约束，他们就会按其邪恶本性为所欲为”（201、205页）。这样，所有城邦都有一种趋势，从创建者的纯粹德性“滑向更糟糕的情形”——按照马基雅维里的概括，即使最优秀的共同体也难以摆脱这种逐渐朽败的进程(322页)。

这番分析的背后是亚里士多德使用过的意象:政体[①]如同一具自然的身体,和所有凡俗的生命一样,必然是"时间的牺牲品"(45页)。在下卷开头,马基雅维里特别突出了政治体[②]的身体比喻。他认为,"显而易见,如果不更新,这些身体就不能长久",因为它们的德性迟早必定会朽败,如果创伤不加治疗,它们终将因为朽败而丧命(419页)。

这样,朽败的侵袭就被等同于德性的丧失或耗损;马基雅维里提出,这个堕落的过程有两种发生形式。公民群体失去德性,不再关心公共福祉,可能表现为完全失去了政治热情,变得"怠惰且不再适合参与任何需要德性的活动"(194页)。但更可怕的危险情形是,公民们仍然积极投身政治,却开始牺牲公共利益,追逐个人野心,培植派系势力。马基雅维里提出,朽败的政治主张就是"只关心如何向公众索取利益,却不在意公共福祉"的主张(386页);朽败的政体就是"只允许有权势者"提出方案,而且"只为巩固权势不为促进共同自由"的政体(242页);朽败的城邦就是执政机构不再由"德性卓越之人"掌管,而被权势最大、因而最易经营个人私利者把持的城邦(241页)。

上述分析将马基雅维里引向了一个困境。他一方面反复强调,"人生来充满野心和猜忌","除非形势所迫",多数人"永远不会做任何善事"(201、257页)。但另一方面他又坚称,一旦人

① "政体",此处的英文是polity,书中其他地方也用constitution(在早期政治学著作中不指宪法,而指政体,即政权的基本组织形式)。

② "政治体"(the body politic)是从政治的角度将国家或全体公民视为一个整体,如同"经济体"(the economy)是从经济的角度把国家视为一个整体。

们有机会“在野心的阶梯上攀登”，他们的城邦很快就会“四分五裂”，丧失任何强盛的机会（290页）。原因在于，虽然保持自由是强盛的前提，朽败的扩散却必定会对自由造成致命威胁。一旦怀有野心的个人或派系开始获得支持，人民“代表自由”立法的意愿

图4　圣迪蒂托绘制的马基雅维里肖像，收藏于佛罗伦萨的韦奇奥宫。

就会受到侵蚀，利益集团就会接管权力，“专制很快就会出现”，取代自由（282页）。这样，只要朽败的毒素扩散到整个公民群体，他们的“自由便很难延续，事实上会立刻消失”（235页；参见240页）。

马基雅维里的困境因此可以归结为：如何才能在天然缺乏德性的公民群体中培育出德性？如何防止他们滑向朽败？如何强迫他们在足够长的时期内保持对公共福祉的关心，以实现城邦的强盛？《论罗马史》的其余部分都是在探讨这个问题。

法律与领导术

马基雅维里相信，他揭示的这个难题虽不能直接克服，却可以在一定程度上绕过。他提出，我们虽然很难奢望公民群体表现出多少天然的德性，但应该可以期望城邦偶尔交上好运，出现一位堪与伟大的创建者比肩的领导人，他的行为显示出天然的卓越德性（420页）。

马基雅维里提出，在城邦赢得荣耀的过程中，这些真正高贵的公民是不可或缺的角色。他说，在罗马历史上，“如果至少每十年”都能出现这样的德性典范，那么“必然的结果”是，这个国家“根本不可能朽败”[①]（421页）。他甚至宣称，“如果一个共同体的运气很好”，每代人中都能找到一位“除旧布新”的优秀领导人，他“不仅能够避免国家衰亡，而且能把它拉回正道”，那么最后将出现一个奇迹：一个“永恒”的共和国，一个能够逃脱死亡的政治体（481页）。

个人德性的培育如何为城邦实现最高理想做出贡献？在整个下卷，马基雅维里都在尝试回答这个问题，他的意图是说明“个

---

① “国家”原文为city，但在历史上，罗马城通常就代表罗马国。

人的行为如何促进了罗马的强盛,如何产生了诸多有益的结果”(423页)。

在讨论这个话题时,马基雅维里显然仍秉持与《君主论》相似的立场。因此毫不奇怪,他在《论罗马史》下卷插入了不少《君主论》的内容——不到一百页的篇幅中,引用就有十余处。而且和在《君主论》中一样,他提出,德性超卓的政治家或将领可以通过两种不同的方式来成就伟业。第一种是影响其他不如自己的公民。马基雅维里首先指出,他们的德性有时能产生直接的感召力,因为“他们巨大的名声和榜样效应会促使好人纷纷模仿他们,坏人也耻于过与他们相反的生活”(421页)。但他的基本观点是,杰出领导人的德性总是部分地表现为能在追随者身上烙下印记,虽然他们并非天生就有这种关键品质。在讨论这种影响方式时,马基雅维里的观点与《君主论》和更晚的《战争的艺术》第四卷相同:胁迫民众按照德性生活的最有效手段就是让他们不敢做相反的事。他称赞汉尼拔知道有必要“通过他个人的性格”将恐惧灌注到军队中,使将士“上下齐心,不敢逾矩”(479页)。他对曼利乌斯·托尔夸图斯[①]最为钦佩,“强力意志”和著名的严厉风格帮助他做到“军令如山”,迫使他的公民同胞重新践行已经准备放弃的纯粹德性(480—481页)。

杰出人物帮助城邦赢得荣耀的另一种途径更为直接。马基雅维里相信,他们的卓越德性本身就能防止国家的朽败与灭亡。与此相应,《论罗马史》下卷的一个主要议题就是,领导人德性的哪些方面最容易产生上述的良性结果。他在第二十三章开始提

① 托尔夸图斯(生卒年不详),公元前3世纪罗马著名将领、政治家,曾两次担任执政官,一次担任独裁官(罗马共和国时期临时的军政最高指挥官)。

出答案。在考察了“罗马最睿智将领”卡米卢斯[1]的生涯后，他指出，让卡米卢斯卓然不群、为他建立“无数显赫功勋”的品质包括“细心、智慧和英勇”，尤其是“管理和指挥军队的杰出才能”（484、498页）。马基雅维里在后面用连续数章的篇幅详细讨论了这个话题。首先他声称，伟大的城邦领导人必须知道如何控制妒忌者，“因为妒忌常常妨碍人们”获得“成就大事所需的权威”（495—496页）。他们还应具备出众的勇气，如果参与作战，这一点就更为重要，因为他们必须如李维所说“在战斗最激烈的地方搏杀”（515页）。他们还必须有很深的政治智慧，熟谙古史和现状（521—522页）。最后，他们还必须特别细心谨慎，不会被敌人的计谋欺骗（526页）。

在整个论述中，马基雅维里明显记挂着家乡的命运。无论他声明领导人必须具备哪一方面的德性，总会停下来指出，佛罗伦萨共和国的衰落和1512年的屈辱败亡主要就是由于没有充分注意这个重要品质。有德性的领导人应知道如何对付妒忌者，但萨伏那洛拉和索代里尼都“无力扼制他人的妒忌”，结果“双双倒台”（497页）。有德性的领导人还必须以历史为鉴：佛罗伦萨人本可以很容易地“了解蛮族在古代的习性”，却不肯花功夫研究，结果被轻松诓骗和洗劫（522页）。有德性的领导人应当谨慎睿智，佛罗伦萨的统治者面对背叛阴谋却如此天真（例如在与比萨交战时的表现），结果让共和国颜面扫地（527页）。在对他曾效劳过的政权的激烈指责中，马基雅维里结束了《论罗马史》下卷。

回到马基雅维里一开始提出的难题，他的《论罗马史》下

① 卡米卢斯（约公元前446—前365），古罗马杰出将领，曾五次担任独裁官，被授予“罗马的第二位创建者”称号。

卷显然远远没有解决。虽然他解释说,伟大领导人的榜样有可能迫使普通公民践行德性,但他也承认,出现这样的领导人永远都只是纯粹的好运,因此不是城邦赢取荣耀和声名的可靠方式。所以,根本的问题仍然留在那里:天性倾向于被野心或怠惰腐蚀的普通人如何才能获得德性,并长时间保持,以使城邦获得荣耀?

正是在这个节点上,马基雅维里开始决定性地越出《君主论》政治理论的范围。他宣称,解决这个问题的关键是确保公民"有序地组织起来",用特定的组织方式强迫他们获得德性,维护自身的自由。这个主张在《论罗马史》上卷第一章就提出来了。若要理解古罗马的德性为何"经历如此多世纪仍保存如此之好",我们就需考察它的"组织方式"(192页)。下一章重申了这个观点。要知道罗马为何能"踏上将它引向完美终点的正确道路",我们首先应该研究它的制度(ordini)、政体安排以及管理组织公民的方法(196页)。

马基雅维里指出,这显然要求我们回答一个问题:城邦需要发展怎样的制度,才能避免朽败在其"内部"事务(指政治和政体安排)中滋长(195、295页)。因此,《论罗马史》上卷的大部分篇幅都用来考虑这个话题,他主要援引早期罗马史的例子,反复强调"这些制度多么有利于它强盛"(271页)。

他认为有两条组织内政的方法最关键,它们都能将德性灌注到整个公民群体里。首先,从第十一章到第十五章,他论证了维护宗教信仰、保证其"善用"的制度对任何城邦来说都是最重要的(234页)。他甚至宣称,"遵守宗教诫命"具有至高无上的价值,本身就可以促成"共和国的强盛"(225页)。相反,一个国家朽败衰亡"最明白无误的标志"就是"神圣的信仰遭人鄙夷"

（226页）。

古罗马人深知如何用宗教来增进共和国的福祉。罗慕路斯的继任者、国王努玛尤其懂得，“若想维持一个文明共同体”，建立国家宗教“绝对必要”（224页）。可悲的是，与此对照，现代意大利的统治者却意识不到这一点。虽然罗马城仍是名义上的基督教中心，但由于罗马教会的“反面榜样”，“在这片土地上虔敬之心已荡然无存”，这样的事实简直是讽刺（228页）。这样的丑行使得意大利人沦为欧洲最无宗教感的民族，因而也成为最朽败的民族。直接的后果是，他们失掉了各种自由，不知道如何保卫自己，“不仅强大蛮族”把这个国家“当作猎物”，“任何人都可侵犯它”（229页）。

古罗马人知晓的秘密已经被现代世界遗忘：和杰出人物的作用一样，宗教制度也能促成城邦的强盛。宗教可以用来激励普通民众，在必要时也可恫吓他们，让他们关心共同体的利益胜于一切其他利益。马基雅维里主要以飞鸟占卜（auspices）[①] 为例说明罗马人如何培养爱国主义情绪。开战之前，古罗马将领总不忘宣布，兆象为吉。这样，军队就会怀着必胜的信念参战，信心又会激发他们的英勇德性，结果他们几乎每战必胜（233页）。然而，马基雅维里更佩服的是（这也符合他的一贯风格）古罗马人如何用宗教来恫吓人民，让他们因为恐惧而表现出平素绝不可能有的惊人德性。他在第十一章举了一个最有戏剧性的例子。“罗马人在坎奈[②]败给汉

① auspices 源于拉丁语 avis（鸟）和 spicere（看），是通过观察飞鸟来判断吉凶的一种占卜，盛行于古罗马。罗慕路斯和孪生兄弟雷姆斯争夺王位时，就是以飞鸟占卜为依据。

② 第二次布匿战争（罗马和迦太基之间的战争）的著名战场，罗马在此惨败，青壮年几乎死光。

尼拔后，许多公民聚集商议，认为祖国已无希望，只能离开意大利。”西庇阿得知消息，“拔出利剑”拦住他们，迫使他们庄严发誓，决不放弃阵地。这样做的效果是胁迫他们践行德性：虽然“对国家和法律的爱”不足以让他们留在意大利，他们却因为害怕亵渎誓言[①]而不敢离开（224页）。

一个敬畏上帝的共同体自然可以收获荣耀，这是马基雅维里同时代人熟悉的想法。正如他自己所说，1490年代萨伏那洛拉在佛罗伦萨发起的运动就基于这样的承诺。当时佛罗伦萨人真相信，“他曾与上帝对话”，上帝给他的讯息是，一旦他们恢复最初的虔敬，祂就会让这个城邦重归强盛（226页）。然而，与上述的正统观念相比，马基雅维里本人对宗教价值的看法却有两点根本的不同。首先，他虽然希望保持政治生活的宗教基础，但出发点和萨伏那洛拉的支持者不一样。他对宗教真理毫无兴趣，只关心宗教情感的政治作用——“激励人民，让普通人向善，让恶人羞愧”，而且在判断不同宗教的价值时，他也仅仅考虑它们在多大程度上能起到上述效果（224页）。所以他的结论是，任何共同体的领导人都有义务“接受并推广”任何“有利于宗教”的东西，而且“即使他们自己完全不信”，也要永远这么做（227页）。

马基雅维里偏离正统的另一点也与这种实用主义的态度有关。他声称，用上述标准评判，古罗马人的宗教远比基督教信仰更可取。虽然基督教也完全可以“依照德性”来阐释，并用来“改进和保卫”基督教诸国，但它的实际阐释方式却削弱了自由活跃的政治生活所要求的品质。它“尊崇谦卑的静思者”，它把“谦卑、恭顺和对人间万事的鄙视”树为“最高的善”，它丝毫不看重“智

---

① 古典时代的人极为看重誓言，因为他们相信违背誓言将遭天谴。

力的伟大、身体的强健”或公民德性的其他任何品质。它将人的卓越强行塑造成一种出世的形象，不仅无助于城邦的强盛，而且事实上还腐蚀了公共生活，导致了一些大国的衰亡。马基雅维里以堪与吉本媲美的反讽口气总结道：基督教“向我们揭示了真理和正途”，我们付出的代价却是，“世界因它而衰弱，变成了恶人的猎物”（331页）。

《论罗马史》上卷的其余部分主要是在论证，引导人们学习德性还存在另一种更有效的手段：法律的强制力量可以迫使人们将共同体的福祉置于所有私利之上。书的开头几章首先宽泛地讨论了这一点。马基雅维里说，公民德性的范例“都源于好的教育”，后者又源于“好的法律”（203页）。如果追问某些城邦为何能长期保持德性，基本的答案无一例外是“法律使然”（201页）。到了《论罗马史》下卷开头，这一观点在马基雅维里总体论述中的枢纽地位就显现出来了：如果城邦要“获得新生”，走向强盛，“领导者的德性和法律的德性”至少必居其一（419—420页）。

从这样的信念出发，马基雅维里如此重视城邦的创建者就显得很自然了。他们扮演着立法者的独特角色，因此从一开始就可以为共同体提供促进德性生长、扼制朽败蔓延的最好手段。他认为，斯巴达创建者吕库古是最令人信服的例子。他制定的法律规范如此完美，城邦“受其庇佑”，竟能“安然延续八百余年”，“从未损及其尊严”，也从未失去自由（196、199页）。罗马最初的国王罗慕路斯和努玛的成就也不逊色。凭借他们实施的许多善法，城邦一开始“就被迫拥有了”如此卓越的德性，甚至“帝国时代的强盛也不能在数世纪中腐蚀她”；她仍然“充满德性，不亚于任何以德性闻名的城市或国家[①]”（195、200页）。

马基雅维里提出，由此我们可以总结出从历史研究中学到的重要一课。他的论证表明，最伟大的立法者就是那些透彻理解如何用法律促进城邦强盛的人。因此，如果我们考察他们的政体规定的细节，就有可能发现他们成功的秘诀，从而让古人的智慧直接为现代世界的统治者服务。

一番考察之后，马基雅维里总结道：古代最明智的立法者都洞悉的关键一点可以用很简单的话表述出来。他们都发现，君主制、贵族制和民主制这三种“纯粹”政体都缺乏内在的稳定性，都倾向于产生周期性的朽败和溃烂。他们因此正确地推论，通过法律的力量推广德性，要诀在于建立一种混合政体，抑制纯粹政体的不稳定因素，结合它们的长处。在这方面，罗马仍然是最明显的例子：正是由于她演化出了“一个混合型政府”，所以最后成为“一个完美的共和国”（200页）。

为混合政体的特别优势辩护，在古罗马政治理论中当然屡见不鲜。它是波里比阿《历史》的中心论点，在西塞罗的著作中也反复出现，后来在15世纪又被佛罗伦萨主要人文主义者普遍接受。然而，马基雅维里认为混合政体最利于培养德性和维护自由，理由却与常规的人文主义观点相去甚远。

他的论证从一条政治公理开始：“每个国家都有两个敌对派系，平民和富人。”（203页）他认为显而易见的推论是，如果政体允许其中一个派系垄断权力，共和国就会被“轻易地腐蚀”（196页）。如果富人中的某人担任君主，立刻就会有专制的危险；如果

① 此处和下文中某些地方的republic被译成“国家”，因为在马基雅维里的著作中，在不与君主国对照的时候，这个词的概念不涉及政体，泛指国家。

富人建立贵族制政府，他们就会按自己的利益来统治；如果实行民主制，平民也会如此。上述各种情况都会让普遍福祉让位于派系忠诚，结果国家的德性和自由就会消失（197—198页、203—204页）。

马基雅维里提出，解决办法就是在制定与政体相关的法律时，设计出让敌对社会力量保持一种紧张平衡的机制，使各方都能参与政府事务，“互相监督”，既扼制“富人的傲慢”，也避免“平民的放纵”（199页）。由于敌对集团都警惕地审视着对方，提防任何夺取最高权力的企图，在这种压力下，能够通过的“法律和制度”就必然“有利于公共自由”。虽然各自都完全被私利驱动，不同的派系却仿佛被一只看不见的手引导，在所有的立法行动中都会促进公共利益：“所有有利于自由的法律”都会“从他们的对立中诞生”（203页）。

马基雅维里为纷争唱赞歌，让同时代人大为震恐。弗朗切斯科·圭恰迪尼在《〈论罗马史〉读后》中的回应代表了他们所有人的声音：“赞扬纷争，就像因为药方的效果而赞扬疾病本身。”[①] 马基雅维里的论证违背了佛罗伦萨共和思想的整个传统，该传统自13世纪末以来就反复强调两个信条：一是所有的纷争都应视为派系活动加以禁止，二是派系构成了城邦自由的最大威胁。雷米焦·德·吉罗拉米、布鲁内托·拉蒂尼、迪诺·孔帕尼，尤其是但丁都猛烈抨击过公民同胞拒绝和平相处、危害共同自由的行为。因此，坚持马基雅维里的惊人之论——古罗马的种种争斗“配得上最高的赞扬”——就意味着摒弃佛罗伦萨人文主义最

① Francesco Guicciardini, ‘Considerations on the “Discourses” of Machiavelli’ in *Select Writings*, trans. and ed. C. and M. Grayson (London, 1965), p. 68.——原书注

珍视的一个观念。

然而,马基雅维里对这条正统信念的攻击毫不留情。他明确提到,“很多人认为”罗马平民和贵族的反复冲突让国家“陷入了巨大混乱”,幸亏“好运和军事优势”挽救了它,才没有分崩离析。但他仍然认为,谴责罗马纷争的人没有看到,正是这些冲突防止了派系利益得胜,因此他们“苛责的其实是让罗马保持自由的源头性因素”(202页)。于是他总结道,即使这些纷争本身是邪恶的,它们也是“罗马走向强盛的必要之恶”(211页)。

预防道德朽败

马基雅维里接着提出,为了保持自由,混合政体虽然必要,却并不充分。原因在于(他再次提醒我们),多数人更忠诚于自己的野心,而不是公共利益,“除非形势所迫永远不会做任何善事”(201页)。这样,势力强大的公民和利益集团就永远倾向于为了个人和集团的目的而打破政体平衡,从而在政治体中播下朽败的种子,威胁它的自由。

为了应对这个不可根除的威胁,马基雅维里提出了另一条与政体相关的建议。他声称,自由的代价就是需要永远保持警惕。首先必须学会辨认危险信号,识别某位公民或某个政治派别“越过权力红线”的手段(265页)。其次,必须建立一套特别的法律和制度来处理这类紧急情况。他说,每个共和国“都应有监督公民的制度,防止他们在行善的幌子下为恶,这样他们获得的支持就只会促进而不会伤害自由”(291页)。最后,每个人都必须“睁大眼睛”,不仅随时准备发现这类朽败的苗头,而且要在它们开始形成威胁之时(甚至更早)就用法律的力量予以铲除(266页)。

在分析过程中,马基雅维里指出,从早期罗马史中还可学到与政体相关的重要一课。既然罗马的自由保持了四百余年之久，它的公民一定找到了真正对自由构成严重威胁的因素，并制定了恰当的制度来应对。因此，我们若要理解这些威胁和相应的防范措施，最好的途径就是重温罗马共和国的历史，以便汲取古代的智慧，来解决现代世界的问题。

古罗马的例子表明，任何混合政体最初需要面对的危险总是来自旧政权的受益者。按照马基雅维里的说法，这就是来自“布鲁图斯的儿子们”的威胁。他在第十六章首次谈到这个问题，在下卷开头又特别加以强调。尤尼乌斯·布鲁图斯将罗马从最后一位国王塔克文·苏佩布的专制政权下解放出来，但他自己的儿子们却曾“受益于暴君统治”（235页）。因此，确立“人民的自由”对他们而言几乎等于奴役。于是，他们“密谋反叛自己的祖国，理由就是，在执政官[①]管理下，他们无法像当初在国王统治下那样非法牟利”（236页）。

扑灭这种危险，“再没有比杀死布鲁图斯的儿子们更有力、更有效、更可靠、更必要的手段了”（236页）。马基雅维里承认，布鲁图斯竟然愿意“担任主审法官，而且他不仅判处自己的儿子们死刑，还到现场观看”，这似乎很残忍；接着他又用最冷酷的语气说，这的确是“历史记录中的罕见样例”（424页）。但他坚称，这样的严厉手段事实上是必需的。“谁夺取了专制的权力，却不杀死布鲁图斯，或者谁给一个国家自由，却不杀死布鲁图斯的儿子们，都注定不能长久。”（425页）

威胁政治稳定的另一个因素是，历史表明，自治的共和国往往不知感恩，反而诽谤中伤它们最杰出的公民。马基雅维里在

① 执政官(consul)是罗马共和国最高行政职务，由选举产生，共设两名，任期一年。

第二十九章首先提到这个缺陷。他说，任何一个城邦在“力图保持自由”的时候都容易犯一个极其严重的错误，即“伤害它本该报答的公民”。这样的痼疾若不医治，将非常危险，因为遭受此类不公待遇的人通常都有强力反击的能力，从而让城邦“迅速滑向专制——例如凯撒就是凭借武力夺回了罗马吝于给他的东西”（259页）。

唯一的药方就是建立特殊的制度，防止妒忌者和忘恩负义者破坏杰出人士的名声。最好的办法是“开辟充分的诉讼渠道”。任何公民如果觉得自己受到诽谤，都必须能够“无所畏惧、毫不犹豫地”要求对方出庭证实他们的指控。如果一项指控“进入正式程序并经严格调查”，最后发现不能成立，法律必须规定对诽谤者处以重罚（215—216页）。

最后，马基雅维里讨论了他心目中对混合政体的平衡威胁最大的因素：有野心的公民或许会企图建立以个人效忠而不是公共福祉为基础的派别。他在第三十四章开始分析这个动乱根源。上卷剩余部分主要都是在考虑这样的道德朽败如何产生，需要用怎样的制度来堵死通往专制的大门。

延长军事指挥权的时限会鼓励派系力量的成长。马基雅维里甚至暗示，“一些公民”通过这种途径“获得的权力”是后来“罗马沦为奴隶”的最主要祸根（267页）。“长期获得这种不受束缚的权威”总会“危害自由”，因为绝对权威永远会腐蚀人们，让他们成为“朋党和拥趸”（270、280页）。共和国晚期的罗马军队就是如此。“当一位公民长时间担任一支军队的统帅，他们的支持和忠心就全归向他了”，结果将士“逐渐忘了元老院的存在，而把他视为领袖”（486页）。这时只需苏拉[①]、马略[②]以及后来的凯撒聚集起“肯为自己反对公共福祉的士兵”，政体的平衡就会被猛烈打破，专制接踵而来（282、486页）。

面对这一威胁，不应当畏惧独裁权威的想法本身，因为在国家的危急关头将权力赋予一人有时是非常必要的（268—269页），正确的做法是通过合适的制度确保这种权力不被滥用。有两种途径可以实现目标：一是为所有的绝对指挥权“设定一个期限”，“不允许终生享有”；二是确保该权力的行使仅限于“处理最初设立此职的事由”。只要遵守这两条规则，绝对权力就不会必然导致朽败，“削弱政府”（268页）。

形成派系的另一个主要源头是巨富之人的恶性影响。富人总是能对其他公民施以恩惠，比如“借钱给他们度日，帮他们的女儿操办婚礼，保护他们免遭官长责罚”以及诸如此类的好处。这种赞助制度尤其阴险，因为它会“让人成为赞助者的拥趸”，而牺牲公共利益。如此一来，“他们追随的人就会得意忘形，以为自己能够腐蚀公众，挑战法律”（493页）。因此，马基雅维里认为，“道德朽败，缺乏自由生活的素质，其根源是城邦内的不平等”。所以，他也一再警告，“城邦如果不能通过各种手段压制住富人的野心，很快就会败亡”（240、274页）。

解决上述困境的唯一办法就是在“秩序良好的共和国保持国富民贫的状态”（272页）。马基雅维里没有明确指出实现这种效果的制度，却滔滔不绝地列举了该政策预期的好处。如果

---

① 苏拉（公元前138—前78），古罗马将领，曾两次发动内战，并以政治大清洗在历史上留下恶名。

② 马略（公元前157—前86），古罗马将领、政治家，曾七次当选执政官，并因为击败日耳曼人入侵被授予“罗马的第三位创建者”称号。

法律“让公民贫穷”，即使他们“缺乏道德和智慧”，也能剥夺他们“用财富腐蚀自己和别人”的能力(469页)。如果此时国库又充盈，政府就能比富人更慷慨地“笼络民心”，因为它给服务城邦者的奖赏总是比公民效劳私人获得的报酬更丰厚(300页)。马基雅维里于是总结道：“一个自由共同体能造出的最有用之物就是公民的贫穷。”(486页)讨论的最后，他以夸饰的修辞语句宣布，如果说“他人的著述往往不能让人发现这个话题的光芒”，自己却能够“用一篇长文论证贫穷比财富更能结出善果”(488页)。

到了分析的这一步，我们很容易看出，和下卷一样，马基雅维里在一般性论述的外表下始终思考着家乡佛罗伦萨的命运。首先，他提醒我们，城邦若要保持自由，它的政体就必须包含某种安排，以遏止诽谤和猜忌杰出公民的流行恶德。他接下来便指出，“我们的城邦佛罗伦萨在这方面从来就做得很差”。“阅读这个城邦的历史”，任何人“都会发现，身居要职的公民从来就被无数诽谤包围”，结果“纷扰不断”。这些内耗全都损害了城邦的自由，但它们其实都可轻易避免，只要他们曾在某个时候设计出“起诉公民和惩罚诽谤的制度”就行(216页)。

当佛罗伦萨没能阻止科西莫·德·美第奇发展出忠实于自己家族私利的派系时，佛罗伦萨朝着奴役的深渊又前进了一步。马基雅维里已经告诉读者，如果一位势力很大的公民企图用财富收买民众，城邦该采取什么策略：要比他还慷慨，重赏为公共福祉服务的行为。然而，科西莫的对手们却决定把他逐出佛罗伦萨，他的追随者因此怨恨满怀，最终“把他召回，拥立他做城邦的君主——若没有对手的公开抵制，他永远也无法登上这样的高位”(266、300页)。

佛罗伦萨确保自由的最后一次机会是在1494年，当时美第奇家族被再度放逐，共和政体完全恢复。然而，城邦的新执政者在皮耶罗·索代里尼的领导下，却犯了最致命的错误，在政权剧烈更迭之际，他们没能采取一项绝对必不可少的政策。马基雅维里已经指出，任何"读过古代史"的人都知道，"从专制到共和"的革命一旦发生，就必须处死"布鲁图斯的儿子们"（424—425页）。但索代里尼"却相信凭着耐心和善意，他能抑制布鲁图斯的儿子们卷土重来的欲望"；他认为无须流血，"自己就能消灭邪恶的派系"，并用奖赏"化解一些人的敌意"（425页）。他的天真令人震惊，结果"布鲁图斯的儿子们"——美第奇家族的拥趸——逃过了灭顶之灾，反过来趁着1512年的祸乱推翻了他，复辟了美第奇专制政权。

索代里尼没能践行马基雅维里治国术的核心原则。他不肯为了求得善果而作恶，所以不肯镇压自己的敌人，因为他明白，只有夺取非法的权力才能实现那样的目标。但他不明白的是，当城邦的自由真正面临危机时，仍屈从于此类信条是愚蠢的。他应该懂得，"他的行为和动机当用结果来评判"，应该意识到，"如果时运和生存之机在他一边，他就能够说服所有人，自己所做的全是为了保卫祖国，而不是出于个人的野心"（425页）。由于"他没有效法布鲁图斯的智慧"，后果是极其悲惨的。他不仅失掉了"自己的地位与名声"，更失掉了城邦和它的自由，让自己的公民同胞"沦为了奴隶"（425、461页）。所以，和下卷一样，马基雅维里在此段论证的最后，也激烈谴责了他曾服务过的领导人和政府。

帝国追求

在《论罗马史》中卷开头，马基雅维里告诉读者，关于制度的讨论他才进行一半。此前他已经证明，城邦若想强盛，就要建立恰当的法律和制度，确保公民在“内部”事务中表现出最高程度的德性。现在他提出，为了鼓励公民在“外部”事务（他指的是与其他君主国和共和国的军事及外交关系）中也表现出同样的德性，建立另一套制度也势在必行（339页）。整个中卷，他都在阐述这个问题。

添加这些法律和制度之所以必要，是因为所有国家，无论君主制还是共和制，都处于一种敌意的竞争状态。人永远不会“满足于靠自己的资源过活”，永远有“竭力控制别人”的欲望（194页）。因此，“一个共和国不可能与世无争，安享自由”（379页）。任何城邦若采取这种和平主义的政策，很快就会陷于无休止的政治波动中，每个人的命运都会永远“沉浮无常”，无法“保持稳定”（210页）。唯一的解决办法是把进攻作为最好的防御，执行扩张政策，确保自己的祖国“既能击退来犯之敌，也能摧垮任何阻碍其强盛的人”（194页）。这样，在海外追求霸权就成了在国内享受自由的前提。

和前面一样，在阐述这些观点时，马基雅维里又到早期罗马史里找论据。他在第一章中宣称，“从来没有别的共和国”像罗马这样，制定过如此多适合扩张和征服的制度（234页）。为此罗马应当感谢它的首位立法者罗慕路斯，他的远见让这个国家从一开始就通过军事征伐发展出了“罕有的卓越德性”（332页）。这一点和超乎寻常的好运结合起来，帮助罗马赢得了一系列辉煌的胜利，最终获得了“无与伦比的国力”和“无远弗届的霸权”（337、341页）。

罗慕路斯正确地认识到，一个城邦若要称心地处理“外部”事务，就必须采取两项根本措施。首先，一定要保证有尽可能多的公民可以用于防御和扩张。为实现此目的，必须执行两条相关的政策。第一条(见第三章)是鼓励外国人移民本国:确保"希望到本城邦生活的外国人能安全通畅地前来",对城邦显然是有利的,尤其在人力方面(334页)。第二条(见第四章)是"为自己赢得盟友":你需要与周边的国家结盟,让他们居于服从的地位,但要用你的法律保护他们,以换取他们为你提供兵源(336—337页)。

与扩大兵力储备相关的还有另一条重要措施。为了最大限度地用好军队,从而最大程度地服务城邦利益,一定要让战争"时间短,规模大"。罗马人就是这样做的,"一旦宣战",他们总是"率军直扑敌人,立刻发动进攻"。马基雅维里干脆地总结道,没有什么政策"更保险、更强力、更有用",因为你能以最小的代价获得谈判中的优势地位(342页)。

概述了这些军事制度后,马基雅维里开始考虑,他能从罗马的成就中发现一系列更具体的作战要诀。他在第十章提出这个话题,并在中卷的剩余部分展开讨论。后来他在《战争的艺术》的中间章节继续做了分析,虽然文字更多雕饰,风格却基本未变。

马基雅维里在这些章里的结论都是以否定形式表述的,这或许表明,他越发怀疑现代世界能否恢复古代的军事德性。他考虑的不是什么样的方法可以促进德性和国家的强盛,而几乎只关心哪些错误的战略战术不仅不能赢得胜利,反而会导致"死亡和毁灭"(377—378页)。结果,他列出了一长串需要警告的行为。相信"财富是战争支柱"的流行之见是不明智的(348—349页);做决定时"举棋不定"或者"缓慢拖延"是有害的(361页);认为作战"最终只靠火炮"是完全错误的(367、371页);使用扈从军或雇佣军(马基雅维里提醒我们,该观点已经"在另一部著作中详细论证过")是毫无用处的(381页);把堡垒作为主要防御体系，在战争时期是无效的，在和平时期更是招祸的（394页）；如果公民觉得受到了侮辱或伤害，却不能“痛快复仇”，是危险的（405页）；最严重的错误是在受到优势军队攻击时，“拒绝任何谈判”，却不计后果地企图击败对方（403页）。

马基雅维里谴责上述各种做法的理由是一样的：它们都没认识到，若要赢得城邦的荣耀，最需灌输给本国军队也最需警惕敌国军队具备的品质是德性，或者说将个人生死置之度外、捍卫祖国自由的决心。

马基雅维里指出，上述一些做法的危险在于，它们会激发对方超常的德性。例如，依赖堡垒就是这样的错误。它们提供的安全感会让你“在压迫臣民时更无忌惮”，但这却会“让他们怒不可遏”，那时“引发这一切的堡垒却再也不能保护你”（393页）。同样的逻辑也适用于不让公民复仇的做法。如果公民蒙受了严重羞辱，他可能出于义愤而爆发出惊人的德性，不顾一切地实施报复。保萨尼亚斯就是这样的例子。他遭人凌辱后，马其顿国王腓力却不许他复仇，结果他以弑君作为回应[①]（405—406页）。

其他一些做法的危险在于，你的命运可能会落到一些毫不关心公共利益的无德之人手中。如果你的政治决策过程缓慢犹豫，就可能招致这样的结果。因为一个基本可靠的假设是，希望阻止某项决策的人往往“被自私的欲念驱动”，其实在尽力“搞垮政府”（361页）。使用扈从军或雇佣军的道理与此相同。既然这类军队本性败坏，他们“通常不仅劫掠雇佣者的敌人，也劫掠雇佣者本身”（382页）。

---

① 保萨尼亚斯是马其顿国王腓力二世（公元前382—前336）的近身护卫官，因为被腓力的将领阿塔罗斯性侵，要求腓力惩处被拒，转而将愤怒发泄到国王身上，在东征波斯前将他刺杀。

最危险的情况是意识不到德性不仅在政治领域，而且在军事领域也是头等重要的品质。所以用财富来衡量敌人是取祸之道，显然你应该用德性来衡量他们，因为“作战是用钢铁，而不是用黄金”（350页）。希望以火炮取胜的错误也是一样。马基雅维里当然承认，罗马人“如果在那个年代有枪炮可用，会赢得更轻松”（370页），但他坚持认为，如果以为“有了这些火器，人就不能像古代那样表现出德性，靠德性作战”，那将是大错（367页）。他因此得出了一个比较乐观的结论：“如果能与古人的德性融合，火炮在军队中还是有用的”，但“面对一支德性卓越的军队它就完全失效了”（372页）。最后，同样的原理也解释了为什么拒绝与优势军队谈判是极其危险的。因为即使对德性最卓越的军队来说，这种要求也是不现实的，它等于是“把结果完全交给时运处置”，而“任何智者不到万不得已绝不会冒这样的险”（403页）。

和其他两卷一样，马基雅维里在本卷检视罗马历史之后，再次将祖国彻底朽败的状况与古代世界的经典德性做了一番沉痛的比较。佛罗伦萨人可以轻易地“了解到罗马人的军事手段”，“完全可以仿效他们的做法”（380页）。然而，他们根本不肯以罗马人为师，结果掉进了每一个想象得到的陷阱（339页）。罗马人透彻地懂得犹豫迁延的危险，但佛罗伦萨的领导人从未理解这个显而易见的历史经验，结果“我们的共和国遭受重创，尊严无存”（361页）。罗马人从来都知道雇佣军和扈从军派不上用场，佛罗伦萨和许多其他君主国、共和国却仍在依靠这些朽败怯懦的军队，招致本可避免的羞辱（383页）。罗马人意识到，在监督自己的盟友时，“修建堡垒来胁迫他们效忠”的政策只能制造仇恨和动荡。相反，“在佛罗伦萨，却有所谓智者散播的一种说法，声称只有堡垒才能让比萨这些城市就范”（392 页）。最后，马基雅维里痛心疾首地谈到了他斥为最无理性的做法：在直面优势军队时拒绝谈判。古代史的所有事例都证明，这是以孤注一掷的方式挑衅时运。然而，当费迪南德的军队于 1512 年夏进犯的时候，佛罗伦萨人正是这么做的。西班牙人刚越过边境，就因为缺粮而想休战。但“佛罗伦萨人听闻消息，骄气更盛，没有接受提议”（403 页）。直接后果是，普拉托被攻占，佛罗伦萨投降，共和国倒台，美第奇家族复辟专制——所有这些本来都很容易避免。和前面一样，谈及他效劳过的政权的种种愚蠢，马基雅维里又是在近乎绝望的愤怒中收笔了。

第四章

佛罗伦萨史家

历史之用

写完《论罗马史》之后不久，时运的轮子突然转向，马基雅维里终于得偿所愿，被美第奇家族看中了。马基雅维里曾在1516年朱利亚诺死后将《君主论》献给洛伦佐·德·美第奇，三年之后洛伦佐突然身亡，接替他掌管佛罗伦萨大权的是他表弟红衣主教朱利奥（他很快就当选教皇，即克雷芒七世）。红衣主教碰巧与马基雅维里的密友洛伦佐·斯特罗齐（后来马基雅维里的《战争的艺术》就是题献给他的）是亲戚。由于这层关系，1520年3月马基雅维里被引荐进入美第奇宫廷，很快他就听到风声，自己可能获得某个职位（虽然是文学而非外交性质）。这次他没有失望，同年11月他获得美第奇家族的官方授命，负责撰写佛罗伦萨史。

马基雅维里的余生几乎都在创作这部《佛罗伦萨史》。这是他最长也是最从容的著作，也只有在这部作品中，他才最严谨地遵循了自己喜爱的古典权威作家的创作规范。古典（也可以说人文主义）历史编纂学的两条基本箴规是，历史著作应当讲授道德教训，史料的选择和组织也应最大限度地突出这些教训。例如

图5　马基雅维里故居（位于佛罗伦萨以南的佩尔库西纳的圣安德里亚）书桌，1513年他就是在此撰写《君主论》的。

萨卢斯特就曾在著名的段落中阐述这两条原则。他在《朱古达战争》中提出，史家的目标必须是以“有用”和“有效”的方式反映过去（IV.1—3）。在《喀提林阴谋》中，他进一步推论道：史家的正确方法只能是“选择值得记录的材料”，而不是提供一份完整的编年记录（IV.2）。

马基雅维里一丝不苟地遵行了上述要求，这在他处理记述的过渡段落和高潮部分时体现得尤为明显。例如第二卷的结尾，就是以道德说教的方式讲述了雅典公爵如何于1342年成为佛罗伦萨的僭主，又如何于次年被赶下台。第三卷在简单勾勒了此后半世纪间的情况后，迅速跳到了下一个有道德启示意义的事件——1378年齐昂比的叛乱。与此相似，第三卷结尾描述的是

1378 年革命之后的反应，第四卷开篇却越过 40 年的缺口，直接讨论美第奇家族如何上台。

人文主义历史写作还有一条规则是，为了让读者牢记这些最有益的教训，史家必须锻造出一种引人入胜的修辞风格。正如萨卢斯特在《喀提林阴谋》的开头所说，史书的特别挑战在于，“风格与措辞必须与记录的事件相配”（III.2）。马基雅维里同样严肃地追求这种理想效果，他甚至在 1520 年夏天决定为史书创造一种风格“模型”。他在奥里切拉利花园的朋友中间传阅自己的草稿，希望听取他们对写作风格的意见。他选择的题目是给卡斯特鲁乔·卡斯特拉卡尼（14 世纪初卢卡的僭主）作传。但他并不太关心卡斯特鲁乔的生平细节——有些干脆就是他编造的，而更注意用一种雅正且富教益的方式选择和连缀材料。开篇关于卡斯特鲁乔出生的记述是虚构的，他并非弃儿，但这让马基雅维里有机会庄严地议论一番时运在人类事务中的力量（533—534 页）。在接受了神父的教育之后，年轻的卡斯特鲁乔开始“勤于学习使用武器”，马基雅维里又借机讨论了一个经典话题：文学和军事孰轻孰重（535—536 页）。这位僭主临终前悔过的演说同样遵循了古代最优秀史书的写法（553—554 页）。故事末尾还辑录了卡斯特鲁乔的许多隽语，其实这些话多半是出于修辞效果的考虑，从第欧根尼·拉尔修的《名哲言行录》中直接偷来的（555—559 页）。

当《卡斯特鲁乔传》交到朋友阿拉曼尼和布昂德蒙提手中时，他们已知道马基雅维里有写一本历史巨著的打算，所以都把它当作某种“预演”。布昂德蒙提在 1520 年 9 月的回信中，称这篇传记是“你未来史书的样本”，因此他认为最好“主要从语言和风格的角度”来评论马基雅维里的手稿。他盛赞文中最富修辞效果的段落，说那段编造的临终演说“尤其”让他喜欢。他接下来所说的一定是马基雅维里最想听的，因为他正准备到这个文学的新领域探险：“我们都认为，你现在就应该全力以赴，创作你的《历史》了。”（《书信集》394—395页）

几个月后，当马基雅维里着手撰写《佛罗伦萨史》时，上述风格技巧全被他精心编织进去了。这本书构思缜密，妙语连珠，结构对称，节奏铿锵，他政治学说的主要观点披上修辞的华裳，悉数登场。例如第二卷中，一位执政[①]面对雅典公爵，就“自由之名”慷慨陈词：“没有力量能摧毁它，没有时间能侵蚀它，没有任何利益能与它抗衡。”（1124页）下一卷中，一位普通公民在执政团面前发言，讨论德性与朽败，呼吁每位公民在任何时候都为公共利益服务，同样文采飞扬，激情四溢（1145—1148页）。第五卷中，里纳尔多·德利·阿尔比兹为了争取米兰公爵的支持，对抗美第奇家族扩张的势力，又献上了一篇关于德性与朽败的精彩演说，声称爱国的义务就是效忠“平等地爱所有公民”的城邦，而不是“对极少数人卑躬屈膝，却无视其他所有人”的城邦（1242页）。

人文主义者从古典权威作家那里学到的最重要一课是，史家必须关注祖先最杰出的成就，以鼓励后人效仿他们最崇高、最光荣的行为。虽然古罗马的伟大史学家普遍比较悲观，并且经常感叹世界不断朽败，但他们反而因此更加热烈地履行纪念美好过去的责任。正如萨卢斯特在《朱古达战争》中所说，只有让“伟大事迹的记忆”长存，我们才能在“崇高人们的胸中”点燃这样一种雄心，“它一旦开始燃烧，便永远不会熄灭，除非他们的德性终于能够与先祖的荣名媲美”（IV.6）。而且，文艺复兴时期的人

① 佛罗伦萨的高级官员，其名称单数为signore（女性为signora），复数为signori。

文主义者在研究李维、萨卢斯特和其他古罗马作家的时候，感受最深的便是史家事业的这种颂赞的特性。例如，国务厅长官波焦·布拉乔利尼在1450年代完成的《佛罗伦萨人民史》的献词中，便显然是按此思路讨论历史功用的。他说，“信史的最大益处”在于“我们可以看到最杰出的人物凭着德性可以成就怎样的事业”，可以知道“对荣耀的渴望，对祖国自由的珍视，对子孙福祉的关心，对神灵和一切仁善之事的爱”如何鼓舞他们行动。最后，我们自己也因他们的光辉榜样而“热血沸腾”，“仿佛他们亲自在鞭策我们”赶超他们①。

毫无疑问，马基雅维里完全熟悉人文主义历史书写的这一面，他在《佛罗伦萨史》序言中甚至称赞了波焦的著作(1031页)。然而到了这里——在如此谨严地模仿了人文主义写法的每一步之后——他突然打破了此前为读者建立起的心理期待。在第五卷篇首，当他开始考察上世纪佛罗伦萨的历史时，他宣称，“我们的君主所行之事，无论在国外还是国内，都无法像古人那样，因为德性卓越、影响深远而供人在仰慕中阅读”。我们无法“讲述士兵的英勇，将军的德性或者公民对祖国的爱”，只能描绘一个日益朽败的世界，只能看见“君主、士兵、共和国的首脑，为了保住他们根本配不上的名声，用尽阴谋诡计做各自的事”。这样，马基雅维里就通过精心设计，彻底颠覆了关于历史功用的流行见解：讲述故事不是为了“激励自由心灵去效法前人”，相反，他的目的是“警告这些心灵避免和消灭当今的种种恶行”(1233页)。

因此，整部《佛罗伦萨史》的中心议题是衰亡。第一卷描绘了西罗马帝国的灭亡和蛮族进入意大利。第一卷末尾和第二卷

① Poggio Bracciolini, 'Historiae Florentini Populi' in *Opera Omnia*, ed. R. Fubini, 4 vols (Turin, 1964), II, 91-4.—— 原书注

开头描绘了“罗马废墟上出现的新城市、新国家所显示出的非凡德性”，“它们解放了意大利，保护她不被蛮族霸占”（1233页）。但这有限的成功只持续了很短时间，剩下的故事（从第二卷中间部分到第八卷）在马基雅维里笔下是一部日益朽败和溃灭的历史。他的叙述终结于1490年代，最低谷是1494年，意大利遭受了最极端的羞辱，曾经被她赶跑的蛮族“却反过来让她做了奴隶”（1233页）。

佛罗伦萨的衰亡

贯穿《佛罗伦萨史》的主题是朽败。马基雅维里描述了它的可怕魔爪如何攫住了佛罗伦萨，扼杀了它的自由，最终将它推入了专制和屈辱之中。他基本沿用了《论罗马史》的思路，指出了朽败因素最容易滋生的两个主要领域。他在序言中做了相应区分后，便用它们来组织全书的叙述。首先，在处理“外部”政策时，永远存在朽败的危险，主要的症状就是在军事决策上越来越犹豫、怯懦。第二，在“内部事务”中也存在相似的危险，朽败的扩散主要体现为“公民之间的争斗与敌对行动”（1030—1031页）。

马基雅维里在第五卷和第六卷讨论了前一个方面，也就是佛罗伦萨处理外部事务的历史。然而，他没有像在《论罗马史》中那样，详细分析城邦的战略失算与错误。他只是满足于用嘲讽的口气展示佛罗伦萨在军事上的无能。这允许他在保持人文主义史书通行模式（永远浓墨重彩地描绘著名战役）的同时揶揄它们的内容。马基雅维里的战争场景特写有一个独特之处：他描写的战斗都极其可笑，毫不激烈，更谈不上光荣。例如，他写到扎哥纳拉战役[①]（1424 年进攻米兰的首战）时，首先评论称，这在当时被视为佛罗伦萨的一次惨败，“消息传遍了意大利”；然后补充说，只有三名佛罗伦萨人阵亡，“他们坠马后，淹死在泥浆里”（1193 页）。后来记述 1440 年佛罗伦萨人在安吉亚里的著名大捷[②]时，他同样用了讽刺的笔法。据他说，在这场漫长的战斗中“只死了一个人，而且他既没受伤，也没英勇地承受敌人一击，而是掉下马被踩死的”（1280 页）。

书的其余部分回顾了佛罗伦萨在内部事务方面日益朽败的可悲历程。在第三卷开头转向这个话题时，马基雅维里明确指出，他所说的内部朽败（和《论罗马史》中的说法一致）指的是城邦法律和制度“不为公共利益设计”，却为个人或派系牟利（1140 页）。他批评此前的著名史家布鲁尼和波焦在他们各自撰写的佛罗伦萨史中没能注意到这个危险（1031 页）。他提出，自己如此关注这个话题，是因为当一个共同体失去这方面的德性后，随之而来的内斗“会导致城邦中出现各种灾难”，佛罗伦萨的悲剧已经是雄辩的证明（1140 页）。

最开始，马基雅维里承认，任何城邦永远都会有“平民和贵族之间天然的、严重的对立”，因为“后者希望统治，而前者拒绝被统治”（1140 页）。和《论罗马史》的立场一样，他绝不认为所有这样的对立都应当避免。他重申了以前的观点：“有些纷争伤害共和国，有些纷争却于国有益。有害的纷争伴随着派系和集团，有益的纷争却没有派系和集团的操控。”所以，明智立法者的目

① 伦巴第战争中的一次战役，在佛罗伦萨共和国和米兰公国之间展开，整场战役只有一位军官阵亡，佛罗伦萨有五千余名士兵被俘。

② 伦巴第战争中的另一次战役，在米兰公国和以佛罗伦萨为首的意大利联军之间展开，最后联军获胜。

标不是"彻底消灭对立",而只应当确保"没有派系"从不可避免的对立中产生(1336页)。

然而在佛罗伦萨,内部纷争却总是"以派系为基础"发展起来的(1337页)。结果它就堕入了不幸共同体的行列,仿佛遭受天谴,在同样悲惨的两极之间震荡,"不是在自由与奴役间"变换,而是"在奴役和放纵间"交替。平民是"放纵的制造者",贵族是"奴役的制造者"。城邦因而无助地来回摇摆,"从专制倒向混乱,又从混乱倒向专制",两个对立集团的敌人都很强大,任何一方都无法长期维持稳定的局面(1187页)。

在马基雅维里看来,13世纪以来佛罗伦萨的历史就在这两个极端之间疾速冲撞,城邦和它的自由最终都裂成了碎片。第二卷从14世纪初贵族掌权开始落笔。这一局面直接导致了1342年雅典公爵的专制统治,当时公民们"眼见政府的威严被摧毁,习俗被扫荡,法律被废除"(1128页)。于是他们奋起反抗,赶走了僭主,成立了自己的平民政府。但正如马基雅维里接下来在第三卷所讲,民主又堕落成了放纵,"毫无节制的暴民"于1378年成功地控制了共和国政府(1161—1163页)。然后钟摆又滑回了"平民派背景的贵族"手中,到了15世纪中期,他们企图重新限制人民的自由,于是逐渐发展出一种新的专制统治(1188页)。

的确,进入书的最后阶段(第七卷和第八卷),马基雅维里在论述时变得更含蓄,更谨慎。这部分的中心内容无可避免地是美第奇家族的上台,他明显觉得,既然是这个家族授命他创作这部史书的,他在评价他们时就不能太严厉。虽然他花了很多功夫掩饰自己的敌意,但如果我们把他刻意分开的一些论点连缀起来,其实很容易发现他究竟怎样看待美第奇家族在佛罗伦萨历史上的作用。

第七卷开头，他在一般意义上讨论了上层公民腐蚀民众，进而发展派系，为自己夺取绝对权力的阴险手段。这个问题他在《论罗马史》中已经详尽分析过了，马基雅维里基本上只是在重申以前的观点。最大的危险是容许富人用财富笼络一批人，“让他们出于个人私利”而不是公共利益“成为自己的拥趸”。他还说，主要有两种手段实现这一目的。一是“向许多公民施恩，在官长面前保护他们，给他们提供经济帮助，帮他们谋得不该得的权位”。二是“用公共娱乐和公开馈赠来讨好民众”，通过奢侈的展示来制造出自己深受欢迎的假象，诱骗他们放弃自由（337页）。

如果我们脑海里装着上述分析来读《佛罗伦萨史》的最后两卷，就不难发现在马基雅维里对历届美第奇政府的热烈吹捧下面潜藏的反感。他首先记述的是科西莫。在第七卷第五章，他献上了一篇辞藻精美的颂词，尤其夸赞他“不仅权财”盛极一时，“而且慷慨”也“胜过了同时代其他人”。然而，马基雅维里的用意很快就显明了：科西莫死时，“整个城邦中没有一位头面人物不曾从他手里借过巨资”（1342页）。这种刻意慷慨的阴险含义，读者已经不陌生了。接下来，马基雅维里讲述了科西莫之子皮耶罗·德·美第奇短暂的政治生涯。开始他被形容为“仁善正直”，但我们很快得知，为了沽名钓誉，他举办了一系列奢华壮观的骑士比武赛和其他庆典，筹备和表演就让全城忙了数月（1352页）。和前面的例子一样，我们也已经知道这些取悦民众的行为有何危害。最后，当马基雅维里写到“荣耀者”洛伦佐的执政期（也是他自己的青年期）时，他几乎已不再费力抑制涌动的憎恶之情。他宣称，到了这个阶段，“时运”与美第奇家族的“慷慨”已彻底败坏了民心，对于推翻美第奇专制的呼声，“民众充耳不闻”，于是“自由从此在佛罗伦萨销声匿迹了”（1393页）。

最后的厄运

尽管佛罗伦萨已复辟专制，蛮族也已卷土重来，马基雅维里仍能安慰自己，至少意大利逃脱了最可怕的羞辱。虽然蛮族取胜了，他们还未能屠戮意大利任何一座引以为豪的名城。他在《战争的艺术》中说，托尔托纳虽被攻占，“米兰没有”；“卡普阿丢了，那不勒斯没丢”；“布雷西亚毁了，威尼斯没毁”；最重要的、最具象征意义的是“拉韦纳失陷了，罗马还在”（624 页）。

马基雅维里本不该如此乐观地向时运女神挑衅。1527 年 5 月，不堪想象的事发生了。1525 年，法国惨败于神圣罗马帝国之手[①]，被迫割让在意大利的领地；次年，法王弗朗索瓦一世心怀鬼胎地订立了一个同盟[②]，以夺回失地。为了应对新的挑战，1527 年春查理五世下令军队重新开进意大利。然而，由于士兵没领到军饷，纪律败坏，结果他们没有进攻任何军事目标，却直接攻入了罗马。5 月 6 日进入这个不设防的城市之后，他们一连屠杀劫掠了四天，震动了整个基督教世界。

罗马已沦陷，克雷芒只好逃命。失去教皇的支持，日益不受欢迎的美第奇政府迅速倒台。5 月 16 日，城邦议事会召开，宣布恢复共和政体，翌日清晨年轻的美第奇权贵们便骑马逃出城去，自动流亡了。

马基雅维里从来就坚定地支持共和，如今佛罗伦萨恢复了自由政府，他本该扬眉吐气了。然而，由于他与美第奇家族的联

---

① 指帕维亚战役，法国军队被西班牙和神圣罗马帝国联军打败，伤亡惨重。

② 指科尼亚克同盟，参加方包括法国、教皇国、米兰公国、威尼斯共和国、佛罗伦萨共和国和英国。

系（过去六年他一直在领取薪水），在年轻一代的共和派看来，他不过是一名曾寄食于可耻专制政权的老头罢了。虽然他似乎抱有重回第二国务厅的希望，但在反美第奇的新政府里是没他容身之地的。

这种难堪的处境可能让他深受打击，很快他就患上了重病，且一病不起。多数给他作传的人都说，他曾叫来一位神父听他的临终忏悔，但这无疑是信教者后来的杜撰。终其一生，马基雅维里都鄙夷教会的仪式，没有证据表明他死前改变了态度。6月21日，他在家人朋友的陪伴下离世，翌日葬于圣克罗齐教堂。

事实证明，马基雅维里比其他任何政治理论家都更有魔力，人们没法抵抗住诱惑，没法不追赶到坟墓的另一面，去总结和评判他的哲学。他刚辞世，这一过程便开始了，今天仍未结束。最早评价马基雅维里的一批人，例如弗朗西斯·培根，尚能承认“我们应感谢马基雅维里等人，他们所描绘的是人实际的样子，不是他们理想的样子”。但马基雅维里同时代的读者大多对他的观念极为震惊，直接给他贴上魔鬼后裔的标签，甚至把他视为魔鬼本身。相比之下，今日大多数马基雅维里的评注者在面对他最耸人听闻的教义时，也能以一种见惯不惊的宽容淡然处之。但仍有一些人，尤其是列奥·施特劳斯[①]及其信徒，仍毫不妥协地坚持传统的评价，认为（施特劳斯本人的说法）马基雅维里只能被称作“邪恶的教唆者”。

然而，史家的职司当然是做记录的天使，而不是杀人的法官。所以，我在本书中所做的只是重觅过去，并把它呈给现在，而不力

---

① 列奥·施特劳斯（1899—1973），德裔美国政治哲学家、古典学家，在芝加哥大学从事教学研究工作多年，在古典政治学界拥有大批追随者。

图用今天的标准去褒贬过去,因为这些标准既受视阈所限,也无永恒效力可言。马基雅维里墓碑上的文字骄傲地提醒我们,“任何墓志铭都配不上如此的荣名”。

索 引

（条目后的数字为原书页码）

A

B

C

D

E

F

G

N

O

P

R

S

T

U

V

W

Z

Quentin Skinner

MACHIAVELLI

A Very Short Introduction

Contents

List of Illustrations

The publisher and the author apologize for any errors or omissions in the above list. If contacted they will be pleased to rectify these at the earliest opportunity.

Preface

An earlier version of this introduction was published in the Past Masters series in 1981. I remain greatly indebted to Keith Thomas for inviting me to contribute to his series, to the staff of the Oxford University Press (especially Henry Hardy) for much editorial help at that time, and to John Dunn, Susan James, J. G. A. Pocock, and Keith Thomas for reading my original manuscript with meticulous care and providing me with many valuable comments. For expert help with the preparation of this new edition I am again very grateful to the editorial staff at the Press, and especially to Shelley Cox for much patience and encouragement.

For this new edition I have thoroughly revised my text and brought the bibliography up to date, but I have not altered my basic line of argument. I still think of Machiavelli essentially as the exponent of a neo-classical form of humanist political thought. I argue in addition that the most original and creative aspects of his political vision are best understood as a series of polemical – sometimes even satirical – reactions against the humanist assumptions he inherited and basically continued to endorse. While my principal aim has been to provide a straightforward introduction to Machiavelli's views on statecraft, I hope that this interpretation may also be of some interest to specialists in the field.

When quoting from Boethius, Cicero, Livy, Sallust, and Seneca, I have used the translations published in the Loeb classical library. When I cite from Machiavelli's *Correspondence, Legations*, and so-called *Caprices* (*Ghiribizzi*) the translations are my own. When quoting from *The Prince* I have used the translation by Russell Price in Machiavelli, *The Prince* ed. Quentin Skinner and Russell Price (Cambridge, 1988). When quoting from Machiavelli's other works I have relied (with kind permission) on the excellent English versions in Allan Gilbert, trans.: *Machiavelli: The Chief Works and Others* (3 vols, Duke University Press, 1965). When I cite from the *Correspondence* and the *Legations*, I identify the source by placing a 'C' or an 'L' in brackets, as appropriate, together with the page-reference after each quotation. When I refer to other works by Machiavelli, I make it contextually clear in each case which text I am citing, and simply add the page-references in brackets. Full details of all the editions I am using can be found in the list of 'Works by Machiavelli Quoted in the Text' on p. 101.

I need to make two further points about translations. I have ventured in a few places to amend Gilbert's renderings in order to keep closer to Machiavelli's exact phraseology. And I have held to my belief that Machiavelli's pivotal concept of *virtú* (*virtus* in Latin) cannot be translated into modern English by any single word or manageable series of periphrases. I have consequently left these terms in their original form throughout. This is not to say, however, that I fail to discuss their meanings; on the contrary, much of my text can be read as an explication of what I take Machiavelli to have meant by them.

Introduction

Machiavelli died nearly 500 years ago, but his name lives on as a byword for cunning, duplicity, and the exercise of bad faith in political affairs. 'The murderous Machiavel', as Shakespeare called him, has never ceased to be an object of hatred to moralists of all persuasions, conservatives and revolutionaries alike. Edmund Burke claimed to see 'the odious maxims of a machiavellian policy' underlying the 'democratic tyranny' of the French Revolution. Marx and Engels attacked the principles of machiavellianism with no less vehemence, while insisting that the true exponents of 'machiavellian policy' are those who attempt 'to paralyse democratic energies' at periods of revolutionary change. The point on which both sides agree is that the evils of machiavellianism constitute one of the most dangerous threats to the moral basis of political life.

So much notoriety has gathered around Machiavelli's name that the charge of being a machiavellian still remains a serious accusation in political debate. When Henry Kissinger, for example, expounded his philosophy in a famous interview published in *The New Republic* in 1972, his interviewer remarked, after hearing him discuss his role as a presidential adviser, that 'listening to you, one sometimes wonders not how much you have influenced the President of the United States but to what extent you have been influenced by Machiavelli'. The suggestion was one that Kissinger showed himself extremely anxious to repudiate. Was he a machiavellian?' 'No, not at all.' Was he not influenced by Machiavelli to some degree?' 'To none whatever.'

What lies behind the sinister reputation Machiavelli has acquired? Is it really deserved? What views about politics and political morality does he actually put forward in his major works? These are the questions I hope to answer in the course of this book. I shall argue that, in order to understand Machiavelli's doctrines, we need to begin by recovering the problems he evidently saw himself confronting in *The Prince*, the *Discourses*, and his other works of political thought. To attain this perspective, we need in turn to reconstruct the context in which these works were originally composed – the intellectual context of classical and Renaissance philosophy, as well as the political context of Italian city-state life at the start of the sixteenth century. Once we restore Machiavelli to the world in which his ideas were initially formed, we can begin to appreciate the extraordinary originality of his attack on the prevailing moral assumptions of his age. And once we grasp the implications of his own moral outlook, we can readily see why his name is still so often invoked whenever the issues of political power and leadership are discussed.

Chapter 1
The Diplomat

The Humanist Background

Niccolò Machiavelli was born in Florence on 3 May 1469. We first hear of him playing an active part in the affairs of his native city in 1498, the year in which the regime controlled by Savonarola fell from power. Girolamo Savonarola, the Dominican prior of San Marco, whose prophetic sermons had dominated Florentine politics for the previous four years, was arrested for heresy early in April; soon afterwards the city's ruling council began to dismiss his remaining supporters from their positions in the government. One of those who lost his job as a result was Alessandro Braccesi, the head of the second chancery. At first the post was left unoccupied, but after a delay of several weeks the almost unknown name of Machiavelli was put forward as a possible replacement. He was barely 29 years old, and appears to have had no previous administrative experience. Yet his nomination went through without evident difficulty, and on 19 June he was duly confirmed by the great council as second chancellor of the Florentine republic.

By the time Machiavelli entered the chancery, there was a well-established method of recruitment to its major offices. In addition to giving evidence of diplomatic skills, aspiring officials were expected to display a high degree of competence in the so-called humane

1. The Palazzo Vecchio, Florence, where Machiavelli worked in the second chancery from 1498 until 1512.

disciplines. This concept of the *studia humanitatis* had been derived from Roman sources, and especially from Cicero, whose pedagogic ideals were revived by the Italian humanists of the fourteenth century and came to exercise a powerful influence on the universities and on the conduct of Italian public life. The humanists were distinguished first of all by their commitment to a particular theory about the proper contents of a 'truly humane' education. They expected their students to begin with the mastery of Latin, move on to the practice of rhetoric and the imitation of the finest classical stylists, and complete their studies with a close reading of ancient history and moral philosophy. They also popularized the long-standing belief that this type of training offers the best preparation for political life. As Cicero had repeatedly maintained, these disciplines nurture the values we principally need to acquire in order to serve our country well: a willingness to subordinate our private interests to the public good; a desire to fight against corruption and tyranny; and an ambition to reach out for the noblest goals of all, those of honour and glory for our country as well as for ourselves.

As the Florentines became increasingly imbued with these beliefs, they began to call on their leading humanists to fill the most prestigious positions in the city government. The practice may be said to have started with the appointment of Coluccio Salutati as chancellor in 1375, and it rapidly became the rule. While Machiavelli was growing up, the first chancellorship was held by Bartolomeo Scala, who retained his professorship at the university throughout his public career and continued to write on typically humanist themes, his main works being a moral treatise and a *History of the Florentines*. During Machiavelli's own time in the chancery, the same traditions were impressively upheld by Scala's successor, Marcello Adriani. He too transferred to the first chancellorship from a chair at the university, and he too continued to publish works of humanist scholarship, including a textbook on the teaching of Latin and a vernacular treatise *On the Education of the Florentine Nobility*.

The prevalence of these ideals helps to explain how Machiavelli came to be appointed at a relatively early age to a position of considerable responsibility in the administration of the republic. For his family, though neither rich nor highly aristocratic, was closely connected with some of the city's most exalted humanist circles. Machiavelli's father, Bernardo, who earned his living as a lawyer, was an enthusiastic student of the humanities. He was on close terms with several distinguished scholars, including Bartolomeo Scala, whose tract of 1483 *On Laws and Legal Judgements* took the form of a dialogue between himself and 'my friend and intimate', Bernardo Machiavelli. Moreover, it is clear from the *Diary* Bernardo kept between 1474 and 1487 that, throughout the period when his son Niccolò was growing up, Bernardo was engaged in studying several of the leading classical texts on which the renaissance concept of 'the humanities' had been founded. He records that he borrowed Cicero's *Philippics* in 1477, and his greatest rhetorical work, the *De Oratore*, in 1480. He also borrowed Cicero's most important moral treatise, the *De Officiis*, several times in the 1470s, and in 1476 he even managed to acquire his own copy of Livy's *History* – the text which, some forty years later, was to serve as the framework for his son's *Discourses*, his longest and most ambitious work of political philosophy.

It is also evident from Bernardo's *Diary* that, in spite of the large expense involved – which he anxiously itemized – he was careful to provide his son with an excellent grounding in the *studia humanitatis*.* We first hear of Machiavelli's education immediately after his seventh birthday, when his father records that 'my little son Niccolò has started to go to Master Matteo' for the first stage of his formal schooling, the study of Latin. By the time Machiavelli was 12 he had graduated to the second stage, and had passed into the care of a famous schoolmaster, Paolo da Ronciglione, who taught several of the most illustrious

* Bernardo Machiavelli, *Libro di Ricordi*, ed. C. Olschki (Florence, 1954), pp. 11, 31, 35, 58, 88, 123, 138.

humanists of Machiavelli's generation. This further step is noted by Bernardo in his *Diary* for 5 November 1481, when he proudly announces that 'Niccolò is now writing Latin compositions of his own' – following the standard humanist method of imitating the best models of classical style. Finally, it seems that – if we can trust the word of Paolo Giovio – Machiavelli may have been sent to complete his education at the university of Florence. Giovio states in his *Maxims* that Machiavelli 'received the best part' of his classical training from Marcello Adriani; and Adriani, as we have seen, occupied a chair at the university for a number of years before his appointment to the first chancellorship.

This humanist background perhaps contains the clue to explaining why Machiavelli suddenly received his governmental post in the summer of 1498. Adriani had taken over as first chancellor earlier in the same year, and it seems plausible to suppose that he remembered Machiavelli's talents in the humanities and decided to reward them when he was filling the vacancies in the chancery caused by the change of regime. It is probable, therefore, that it was owing to Adriani's patronage – together perhaps with the influence of Bernardo's humanist friends – that Machiavelli found himself launched on his public career in the new anti-Savonarolan government.

The Diplomatic Missions

Machiavelli's official position involved him in two sorts of duties. The second chancery, set up in 1437, mainly dealt with correspondence relating to the administration of Florence's own territories. But as head of this section Machiavelli also ranked as one of the six secretaries to the first chancellor, and in this capacity he was shortly assigned the further task of serving the Ten of War, the committee responsible for the foreign and diplomatic relations of the republic. This meant that, in addition to his ordinary office work, he could be called on to travel abroad on behalf of the Ten, acting as secretary to its ambassadors and helping to send home detailed reports on foreign affairs.

His first opportunity to take part in a mission of this kind came in July 1500, when he and Francesco della Casa were commissioned 'to proceed with all possible haste' to the court of Louis XII of France (L 70). The decision to send this embassy arose out of the difficulties Florence had been experiencing in the war against Pisa. The Pisans had rebelled in 1496, and over the next four years they succeeded in fighting off all attempts to crush their bid for independence. Early in 1500, however, the French agreed to help the Florentines regain the city, and dispatched a force to lay siege to it. But this too turned out disastrously: the Gascon mercenaries hired by Florence deserted; the Swiss auxiliaries mutinied for lack of pay; and the assault had to be ignominiously called off.

Machiavelli's instructions were 'to establish that it was not due to any shortcoming on our part that this undertaking yielded no results' and at the same time 'to convey the impression' if possible that the French commander had acted 'corruptly and with cowardice' (L 72, 74). However, as he and della Casa discovered at their first audience with Louis XII, the king was not much interested in Florence's excuses for her past failures. Instead he wanted to know what help he could realistically expect in the future from such an apparently ill-run government. This meeting set the tone for the whole of their subsequent discussions with Louis and his chief advisers, Florimond Robertet and the archbishop of Rouen. The upshot was that, although Machiavelli remained at the French court for nearly six months, the visit taught him less about the policies of the French than about the increasingly equivocal standing of the Italian city-states.

The first lesson he learned was that, to anyone schooled in the ways of modern kingship, Florence's governmental machinery appeared absurdly vacillating and weak. By the end of July it became obvious that the *signoria*, the city's ruling council, would need to send a further embassy to renegotiate the terms of the alliance with France. Throughout August and September Machiavelli kept waiting to hear whether the new ambassadors had left Florence, and kept assuring the archbishop of Rouen that he expected them at any minute. By the middle of October, when there were still no signs of their arrival, the archbishop began to treat these continued prevarications with open contempt. As Machiavelli reported with obvious chagrin, he 'replied in these exact words' when assured that the promised mission was at last on its way: 'it is true that this is what you say, but before these ambassadors arrive we shall all be dead' (L 168). Even more humiliatingly, Machiavelli discovered that his native city's sense of its own importance seemed to the French to be ludicrously out of line with the realities of its military position and its wealth. The French, he had to tell the *signoria*, 'only value those who are well-armed or willing to pay' and had come to believe that 'both these qualities are lacking in your case'. Although he tried making a speech 'about the security your greatness could bring to the possessions held by his majesty in Italy', he found that 'the whole thing was superfluous', for the French merely laughed at him. The painful truth, he confesses, is that 'they call you Mr Nothing' (L 126 and n.).

Machiavelli took the first of these lessons profoundly to heart. His mature political writings are full of warnings about the folly of procrastinating, the danger of appearing irresolute, the need for bold and rapid action in war and politics alike. But he clearly found it impossible to accept the further implication that there might be no future for the Italian city-states. He continued to theorize about their military and political arrangements on the assumption that they were still genuinely capable of recovering and maintaining their independence, even though the period of his own lifetime witnessed their final and inexorable subordination to the vastly superior forces of France, Germany, and Spain.

The mission to France ended in December 1500, and Machiavelli hurried home as quickly as possible. His sister had died while he was away, his father had died shortly before his departure, and in consequence (as he complained to the *signoria*) his family affairs 'had ceased to have any order about them at all' (L 184). There were also anxieties about his job, for his assistant Agostino Vespucci had contacted him at the end of October to convey a rumour that 'unless you return, you will completely lose your place in the chancery' (C 60). Shortly after this, moreover, Machiavelli came to have a further reason for wishing to stay in the vicinity of Florence: his courtship of Marietta Corsini, whom he married in the autumn of 1501. Marietta remains a shadowy figure in Machiavelli's story, but his letters suggest that he never ceased to be fond of her, while she for her part bore him six children, appears to have suffered his infidelities with patience, and eventually outlived him by a quarter of a century.

During the next two years, which Machiavelli spent mainly in and around Florence, the *signoria* became perturbed about the rise of a new and threatening military power on its borders: that of Cesare Borgia. In April 1501 Borgia was created duke of Romagna by his father, Pope Alexander VI. He thereupon launched a series of audacious campaigns designed to carve out for himself a territory to match his new and resounding title. First he seized Faenza and laid siege to Piombino, which he entered in September 1501. Next his lieutenants raised the Val di Chiana in rebellion against Florence in the spring of 1502, while Borgia himself marched north and took over the duchy of Urbino in a lightning *coup*. Elated by these successes, he then demanded a formal alliance with the Florentines and asked that an envoy be sent to hear his terms. The man selected for this delicate task was Machiavelli, who had already encountered Borgia at Urbino. Machiavelli received his commission on 5 October 1502 and presented himself before the duke at Imola two days later.

This mission marks the beginning of the most formative period of Machiavelli's diplomatic career, the period in which he was able to play the role that most delighted him, that of a first-hand observer and assessor of contemporary statecraft. It was also during this time that he arrived at his definitive judgements on most of the leaders whose policies he was able to watch in the process of being formed. It is often suggested that Machiavelli's *Legations* merely contain the 'raw materials' or 'rough drafts' of his later political views, and that he subsequently reworked and even idealized his observations in the years of his enforced retirement. As we shall see, however, a study of the *Legations* reveals that Machiavelli's evaluations, and even his epigrams, generally occurred to him at once and were later incorporated virtually without alteration into the pages of the *Discourses* and especially *The Prince.*

Machiavelli's mission to Borgia's court lasted nearly four months, in the course of which he had many discussions tête-à-tête with the duke, who seems to have gone out of his way to expound his policies and the ambitions underlying them. Machiavelli was greatly impressed. The duke, he reported, is 'superhuman in his courage', as well as being a man of grand designs, who 'thinks himself capable of attaining anything he wants' (L 520). Moreover, his actions are no less striking than his words, for he 'controls everything by himself', governs 'with extreme secrecy', and is capable in consequence of deciding and executing his plans with devastating suddenness (L 427, 503). In short, Machiavelli recognized that Borgia was no mere upstart *condottiere*, but someone who 'must now be regarded as a new power in Italy' (L 422).

These observations, originally sent in secret to the Ten of War, have since become celebrated, for they recur almost word for word in chapter 7 of *The Prince*. Outlining Borgia's career, Machiavelli again emphasizes the duke's high courage, his exceptional abilities and tremendous sense of purpose (33–4). He also reiterates his opinion that Borgia was no less impressive in the execution of his schemes. He 'made use of every means and action possible' for 'putting down his roots', and managed to lay 'mighty foundations for future power' in such a short time that, if his luck had not deserted him, he 'would have mastered every difficulty' (29, 33).

While he admired Borgia's qualities of leadership, however, Machiavelli felt an element of uneasiness from the outset about the duke's astounding self-confidence. As early as October 1502 he wrote from Imola that 'as long as I have been here, the duke's government has been founded on nothing more than his good Fortune' (L 386). By the start of the following year he was speaking with increasing disapproval of the fact that the duke was still content to rely on his 'unheard-of good luck' (L 520). And by October 1503, when Machiavelli was sent on a mission to Rome, and again had an opportunity of observing Borgia at close quarters, his earlier doubts crystallized into a strong sense of the limitations of the duke's capacities.

The main purpose of Machiavelli's journey to Rome was to report on an unusual crisis which had developed at the papal court. The pope, Alexander VI, had died in August and his successor, Pius III, had in turn died within a month of taking office. The Florentine *signoria* was anxious to receive daily bulletins about what was likely to happen next, especially after Borgia switched sides and agreed to promote the candidacy of Cardinal Giuliano della Rovere. This development looked potentially threatening to Florence's interests, for the duke's support had been bought with a promise that he would be appointed captain-general of the papal armies if Rovere were elected. It seemed certain, if Borgia secured this post, that he would begin a new series of hostile campaigns on the borders of Florentine territory.

Machiavelli's earliest dispatches accordingly concentrate on the meeting of the conclave, in which Rovere was elected 'by an enormous majority' and took the name of Julius II (L 599). But once this matter had been settled, everyone's attention shifted to the struggle that started to develop between Borgia and the pope. As Machiavelli watched these two masters of duplicity beginning to circle around one another, he saw that his initial doubts about the duke's abilities had been thoroughly justified.

Borgia, he felt, had already displayed a lack of foresight in failing to see the dangers inherent in switching his support to Rovere. As he reminded the Ten of War, the cardinal had been forced 'to live in exile for ten years' under the pontificate of the duke's father, Alexander VI. Surely, he added, Rovere 'cannot have forgotten this so quickly' that he now looks with genuine favour on an alliance with the son of his enemy (L 599). But Machiavelli's most serious criticism was that, even in this equivocal and perilous situation, Borgia continued to place an altogether hubristic reliance on his uninterrupted run of good luck. At first Machiavelli simply noted, in some apparent surprise, that 'the duke is allowing himself to be carried away by his immense confidence' (L 599). Two weeks later, when Borgia's papal commission had still not arrived, and his possessions in the Romagna had begun to rise in widespread revolt, he reported in more acid tones that the duke 'has become stupified' by 'these blows of Fortune, which he is not accustomed to taste' (L 631). By the end of the month, Machiavelli had come to the conclusion that Borgia's ill Fortune had unmanned him so completely that he was now incapable of remaining firm in any decision, and on 26 November he felt able to assure the Ten of War that 'you can henceforth act without having to think about him any more' (L 683). A week later he mentioned Borgia's affairs for the last time, merely observing that 'little by little the duke is now slipping into his grave' (L 709).

As before, these confidential judgements on Borgia's character have since become famous through their incorporation into chapter 7 of *The Prince*. Machiavelli repeats that the duke 'made a bad choice' in supporting 'the election of Julius as pope', because 'he should never have let the papacy go to any cardinal whom he had injured' (34). And he recurs to his basic accusation that the duke relied too heavily on his luck. Instead of facing the obvious contingency that he might at some point be checked by a 'malicious stroke of Fortune', he collapsed as soon as this happened (29). Despite his admiration, Machiavelli's final verdict on Borgia – in *The Prince* no less than in the *Legations* – is thus an adverse one: he 'gained his position through his father's Fortune' and lost it as soon as Fortune deserted him (28).

The next influential leader whom Machiavelli was able to assess at first hand was the new pope, Julius II. Machiavelli had been present at several audiences at the time of Julius's election, but it was in the course of two later missions that he gained his fullest insight into the pope's character and leadership. The first of these was in 1506, when Machiavelli returned between August and October to the papal court. His instructions at that point were to keep the *signoria* informed about the progress of Julius's typically aggressive plan to recover Perugia, Bologna, and other territories previously held by the Church. The second chance arose in 1510, when Machiavelli was sent on a new embassy to the court of France. By this time Julius had resolved on a great crusade to drive the 'barbarians' out of Italy, an ambition which placed the Florentines in an awkward position. On the one hand they had no desire to offend the pope in his increasingly bellicose mood. But on the other hand they were traditional allies of the French, who immediately asked what help they could expect if the pope were to invade the duchy of Milan, recaptured by Louis XII in the previous year. As in 1506, Machiavelli thus found himself anxiously following the progress of Julius's campaigns, while hoping and scheming at the same time to preserve Florence's neutrality.

Watching the warrior pope in action, Machiavelli was at first impressed and even amazed. He started out with the assumption that Julius's plan of reconquering the papal states was bound to end in disaster. 'No one believes', he wrote in September 1506, that the pope 'will be able to accomplish what he originally wanted' (L 996). In no time at all, however, he was having to eat his words. Before the end of the month Julius had re-entered Perugia and 'settled its affairs', and before October was out Machiavelli found himself concluding his mission with the resounding announcement that, after a headlong campaign, Bologna had surrendered unconditionally, 'her ambassadors throwing themselves at the feet of the pope and handing their city over to him' (L 995, 1035).

It was not long, however, before Machiavelli began to feel more critical, especially after Julius took the alarming decision to launch his slender forces against the might of France in 1510. At first he merely expressed the sardonic hope that Julius's boldness 'will turn out to be based on something other than his sanctity' (L 1234). But soon he was writing in much graver tones to say that 'no one here knows anything for certain about the basis for the pope's actions', and that Julius's own ambassador professes himself 'completely astounded' by the whole venture, since 'he is deeply sceptical about whether the pope has the resources or the organisation' to undertake it (L 1248). Machiavelli was not yet prepared to condemn Julius outright, for he still thought it conceivable that, 'as in the campaign against Bologna', the pope's 'sheer audacity and authority' might serve to convert his maddened onrush into an unexpected victory (L 1244). Basically, however, he was beginning to feel thoroughly unnerved. He repeated with obvious sympathy a remark by Robertet to the effect that Julius appeared 'to have been ordained by the Almighty for the destruction of the world' (L 1270). And he added with unaccustomed solemnity that the pope did indeed 'seem bent on the ruin of Christianity and the accomplishment of Italy's collapse' (L 1257).

This account of the pope's progress reappears virtually unaltered in the pages of *The Prince*. Machiavelli first concedes that, although Julius 'proceeded impetuously in all his affairs', he 'was always successful' even in his most unrealistic enterprises. But he goes on to argue that this was merely because 'the times and their circumstances' were 'so in harmony with his own way of proceeding' that he never had to pay the due penalty for his recklessness. Despite the pope's startling successes, Machiavelli accordingly feels justified in taking an extremely unfavourable view of his statecraft. Admittedly Julius 'accomplished with his impetuous movement what no other pontiff, with the utmost human prudence, would ever have accomplished'. But it was only due to 'the shortness of his life' that we are left with the impression that he must have been a great leader of men. 'If times had come when he needed to proceed with caution, they would have brought about his downfall; for never would he have turned away from those methods to which his nature inclined him' (91–2).

Between his papal legation of 1506 and his return to France in 1510, Machiavelli went on one further mission outside Italy, in the course of which he was able to appraise yet another prominent ruler at first hand – Maximilian, the Holy Roman Emperor. The *signoria*'s decision to send this embassy arose out of its concern about the emperor's plan to march into Italy and have himself crowned at Rome. Announcing this intention, he demanded a large subsidy from the Florentines to help him overcome his chronic lack of funds. The *signoria* felt anxious to oblige him if he were indeed coming; but not if not. So was he in fact going to come? In June 1507 Francesco Vettori was dispatched to find out the answer,.but reported in such confusing terms that Machiavelli was sent after him with additional instructions six months later. Both men remained at the imperial court until June of the following year, by which time the proposed expedition had definitely been called off.

Machiavelli's comments on the head of the house of Hapsburg contain none of the nuances or qualifications that characterize his descriptions of Cesare Borgia and Julius II. From first to last the emperor struck Machiavelli as a totally inept ruler, with scarcely any of the right qualifications for conducting an effective government. His basic weakness, Machiavelli felt, was a tendency to be 'altogether too lax and credulous', as a result of which 'he has a constant readiness to be influenced by every different opinion' put to him (L 1098–9). This makes it impossible to conduct negotiations, for even when he begins by deciding on a course of action – as with the expedition to Italy – it is still safe to say that 'God alone knows how it will end' (L 1139). It also makes for hopelessly enfeebled leadership, because everyone is left 'in continuing confusion' and 'nobody knows what he will do at all' (L 1106).

Machiavelli's portrait of the emperor in *The Prince* largely reproduces these earlier judgements. Maximilian is discussed in the course of chapter 23, the theme of which is the need for princes to listen to good advice. The emperor's conduct is treated as a cautionary tale about the dangers of failing to handle one's councillors with adequate decisiveness. Maximilian is described as so 'pliable' that, if ever his plans 'become generally known' and are then 'opposed by those around him', this throws him off course so completely that he is immediately 'pulled away from them'. This not only makes him frustrating to deal with, since 'no one ever knows what he wishes or intends to do'; it also makes him downright incompetent as a ruler, since 'it is impossible to rely' on any decisions he makes, and 'what he does one day he destroys the next' (87).

The Lessons of Diplomacy

By the time Machiavelli came to record his final verdicts on the rulers and statesmen he had met, he had reached the conclusion that there was one simple yet fundamental lesson which they had all misunderstood, as a result of which they had generally failed in their undertakings, or else had succeeded more by luck than sound political judgement. The basic weakness they all shared was a fatal inflexibility in the face of changing circumstances. Cesare Borgia was at all times overweening in his self-confidence; Maximilian was always cautious and over-hesitant; Julius II was always impetuous and over-excited. What they all refused to recognize was that they would have been far more succcessful if they had sought to accommodate their personalities to the exigencies of the times, instead of trying to reshape their times in the mould of their personalities.

Machiavelli eventually placed this judgement at the very heart of his analysis of political leadership in *The Prince*. However, he first registered the insight much earlier, in the course of his active career as a diplomat. Furthermore, it is clear from his *Legations* that the generalization first struck him less as a result of his own reflections than through listening to, and subsequently thinking about, the views of two of the shrewdest politicians with whom he came into contact. The point was first put to him on the day of Julius II's election to the pontificate. Machiavelli found himself drawn into conversation with Francesco Soderini, cardinal of Volterra and brother of Piero Soderini, the leader (*gonfaloniere*) of Florence's government. The cardinal assured him that 'not for many years has our city had so much to hope for from a new pope as from the present one'. 'But only', he added, 'if you know how to harmonise with the times' (L 593). Two years later, Machiavelli met with the same judgement in the course of negotiating with Pandolfo Petrucci, the lord of Siena, whom he was later to mention admiringly in *The Prince* as 'a very able man' (85). Machiavelli had been commissioned by the *signoria* to demand the reasons for 'all the tricks and intrigues' which had marked Pandolfo's dealings with Florence (L 911). Pandolfo responded with an effrontery that evidently impressed Machiavelli very much. 'Wishing to make as few mistakes as possible,' he replied, 'I conduct my government day by day, and arrange my affairs hour by hour; because the times are more powerful than our brains' (L 912).

Although Machiavelli's pronouncements on the rulers of his age are in general severely critical, it would be misleading to conclude that he regarded the entire record of contemporary statecraft as nothing more than a history of crimes, follies, and misfortunes. At several moments in his diplomatic career he was able to watch a political problem being confronted and resolved in a manner that not only commanded his unequivocal admiration, but also exercised a clear influence on his own theories of political leadership. One such incident occurred in 1503, in the course of the protracted battle of wits between Cesare Borgia and the pope. Machiavelli was fascinated to see how Julius would cope with the dilemma raised by the duke's presence at the papal court. As he reminded the Ten of War, 'the hatred his holiness has always felt' for Borgia 'is well-known', but this hardly alters the fact that Borgia 'has been more help to him than anyone else' in securing his election, as a result of which he 'has made the duke a number of very large promises' (L 599). The problem seemed insoluble: how could Julius hope to achieve any freedom of action without at the same time violating his solemn pledge?

As Machiavelli quickly discovered, the answer came in two disarmingly simple stages. Before his elevation, Julius was careful to emphasize that, 'being a man of great good faith', he was absolutely bound 'to stay in contact' with Borgia 'in order to keep his word to him' (L 613, 621). But as soon as he felt secure, he instantly reneged on all his promises. He not only denied the duke his title and troops, but actually had him arrested and imprisoned him in the papal palace. Machiavelli is scarcely able to conceal his astonishment as well as admiration at the *coup*. 'See now', he exclaims, 'how honourably this pope begins to pay his debts: he simply cancels them by crossing them out.' Nor does anyone consider, he adds significantly, that the papacy has been disgraced; on the contrary, 'everybody continues with the same enthusiasm to bless the pope's hands' (L 683).

On this occasion Machiavelli felt disappointed with Borgia for allowing himself to be so ruinously outflanked. As he typically put it, the duke ought never to have supposed 'that the words of another are more to be relied on than his own' (L 600). Nevertheless, Borgia was undoubtedly the ruler whom Machiavelli found it most instructive to observe in action, and on two other occasions he was privileged to watch him confronting a dangerous crisis and surmounting it with a strength and assurance that earned him Machiavelli's complete respect.

The first of these emergencies arose in December 1502, when the people of the Romagna suddenly voiced their outrage at the oppressive methods used by Borgia's lieutenant, Rimirro de Orco, in pacifying the province in the previous year. Admittedly Rimirro had merely been executing the duke's orders, and had done so with conspicuous success, reducing the whole area from chaos to sound government. But his cruelty had stirred up so much hatred that the continuing stability of the province was now in jeopardy. What was Borgia to do? His solution displayed a terrifying briskness, a quality that Machiavelli mirrors in his account of the episode. Rimirro was summoned to Imola, and four days later 'he was found in the public square, cut into two pieces, where his body still remains, so that the entire populace has been able to see it'. 'It has simply been the pleasure of the duke', Machiavelli adds, 'to show that he can make and unmake men as he wants, according to their deserts' (L 503).

The other point at which Borgia evoked Machiavelli's rather stunned admiration was in dealing with the military difficulties that developed in the Romagna at about the same time. At first the duke had been obliged to rely on the petty lords of the area for his chief military support. But in the summer of 1502 it became clear that their leaders – especially the Orsini and the Vitelli – were not only untrustworthy but were plotting against him. What should he do? His first move was simply to get rid of them by feigning reconciliation, summoning them to a meeting at Senigallia and murdering them *en masse*. For once Machiavelli's studied coolness deserts him as he describes the manœuvre, and he admits to being 'lost in wonder at this development' (L 508). Next, Borgia resolved that in future he ought never to make use of such treacherous allies, but ought instead to raise his own troops. This policy – almost unheard of at a time when practically every Italian prince fought with hired mercenaries – seems to have struck Machiavelli at once as being an exceptionally far-sighted move. He reports with obvious approval that the duke has not only decided that 'one of the foundations of his power' must henceforth be 'his own arms', but has started the process of recruitment at an astonishing rate, 'having already conducted a review of five hundred men-at-arms and the same number of light cavalry' (L 419). Switching to his most admonitory style, he explains that he is 'writing this all the more willingly' because he has come to believe that 'anyone who is well-armed, and has his own soldiers, will always find himself in a position of advantage, however things may happen to turn out' (L 455).

By 1510, after a decade of missions abroad, Machiavelli had made up his mind about most of the statesmen he had met. Only Julius II continued to some extent to puzzle him. On the one hand, the pope's declaration of war on France in 1510 struck Machiavelli as almost insanely irresponsible. It required no imagination to see that 'a state of enmity between these two powers' would be 'the most terrifying misfortune that could arise' from Florence's point of view (L 1273). On the other hand, he could not resist hoping that, by sheer impetuosity, Julius might yet prove to be the saviour rather than the scourge of Italy. At the end of the campaign against Bologna, Machiavelli permitted himself to wonder whether the pope might not 'go on to something greater', so that 'this time Italy really may find herself delivered from those who have planned to engulf her' (L 1028). Four years later, despite the worsening of the international crisis, he was still trying to fight off his growing fears with the reflection that, 'as in the case of Bologna', the pope might yet manage 'to carry everyone along with him' (L 1244).

Unfortunately for Machiavelli and for Florence, his fears yielded better predictions than his hopes. After being hard pressed in the fighting of 1511, Julius reacted by concluding an alliance that changed the face of Italy. On 4 October 1511 he signed the Holy League with Ferdinand of Spain, thereby winning Spanish military support for the crusade against France. As soon as the new campaigning season opened in 1512, the formidable Spanish infantry marched into Italy. First they pushed back the French advance, forcing them to evacuate Ravenna,

Parma, and Bologna and finally to retreat beyond Milan. Then they turned against Florence. The city had not dared defy the French, and had failed in consequence to declare its support for the pope. Now it found itself paying a costly penalty for its mistake. On 29 August the Spanish sacked the neighbouring town of Prato, and three days later the Florentines capitulated. The *gonfaloniere* Soderini fled into exile, the Medici re-entered the city after an absence of eighteen years, and a few weeks later the republic was dissolved.

Machiavelli's own fortunes collapsed with those of the republican regime. On 7 November he was formally dismissed from his post in the chancery. Three days later he was sentenced to confinement within Florentine territory for a year, the surety being the enormous sum of a thousand florins. Then in February 1513 came the worst blow of all. He was mistakenly suspected of taking part in an abortive conspiracy against the new Medicean government, and after being put to the torture he was condemned to imprisonment and the payment of a heavy fine. As he later complained to the Medici in the dedication to *The Prince*, 'Fortune's great and steady malice' had suddenly and viciously struck him down (11).

Chapter 2
The Adviser to Princes

The Florentine Context

Early in 1513 the Medici family scored its most brilliant triumph of all. On 22 February Cardinal Giovanni de' Medici set out for Rome after learning of Julius II's death, and on 11 March he emerged from the conclave of cardinals as Pope Leo X. In one way this represented a further blow to Machiavelli's hopes, for it brought the new regime in Florence an unprecedented popularity. Giovanni was the first Florentine ever to become pope, and according to Luca Landucci, the contemporary diarist, the city celebrated with bonfires and ordnance for nearly a week. But in another way the development was an unexpected stroke of good fortune, for it prompted the government to declare an amnesty as part of the general rejoicing, and Machiavelli was freed.

As soon as he came out of prison Machiavelli began scheming to recommend himself to the city's new authorities. His former colleague, Francesco Vettori, had been made ambassador to Rome, and Machiavelli repeatedly wrote urging him to use his influence 'so that I may begin to receive some employment from our lord the pope' (C 244). However, it soon became clear that Vettori was unable or perhaps unwilling to help. Greatly discouraged, Machiavelli withdrew to his little farm at Sant'Andrea, in order (as he wrote to Vettori) 'to be

IL PRENCIPE DI
NICOLO MACHIAVELLI,
al Magnifico Lorenzo de Medici.
LA VITA DI CASTRVCCIO
Castracani da Lucca.
IL MODO, CHE TENNE IL DVCA
Valentino per ammazzare Vitellozzo Vitelli,
Oliuerotto da Fermo, il S. Paulo, &
il Duca di Grauina.
I RITRATTI DELLE COSE
della Francia, & dell'Alamagna.
IN VENETIA
Per Comin de Trino
M D XLI.

2. The title-page of one of the numerous early Venetian editions of *The Prince*.

at a distance from every human face' (C 516). From there he began for the first time to contemplate the political scene less as a participant than as an analyst. First he sent long and powerfully argued letters to Vettori about the implications of the renewed French and Spanish interventions in Italy. And then – as he explained in a letter of 10 December – he started to beguile his enforced leisure by reflecting more systematically on his diplomatic experience, on the lessons of history, and hence on the rules of statecraft.

As Machiavelli complains in the same letter, he is reduced to living 'in a poor house on a tiny patrimony'. But he is making life bearable by retreating to his study every evening and reading about classical history, 'entering the ancient courts of ancient men' in order 'to speak with them and ask them the reasons for their actions'. He has also been pondering the insights he acquired 'in the course of the fifteen years' when he 'was involved in studying the art of government'. The outcome, he says, is that 'I have composed a little book *On Principalities*, in which I delve as deeply as I can into discussions about this subject'. This 'little book' was Machiavelli's masterpiece, *The Prince*, which was drafted – as this letter indicates – in the second half of 1513, and completed by Christmas of that year (C 303–5).

Machiavelli's highest hope, as he confided to Vettori, was that his treatise might serve to bring him to the notice of 'our Medici lords' (C 305). One reason for wishing to draw attention to himself in this way – as his dedication to *The Prince* makes clear – was a desire to offer the Medici 'some token of my devotion' as a loyal subject (3). His worries on this score even seem to have impaired his normally objective standards of argument, for in chapter 20 of *The Prince* he maintains with great feeling that new rulers can expect to find 'that men whom they had regarded with suspicion in the early stages of their rule prove more reliable and useful than those whom they had trusted at first' (74). Since this contention is later flatly contradicted in the *Discourses* (236), it is hard not to feel that an element of special pleading has entered Machiavelli's analysis at this point, especially as he anxiously repeats that 'I must not fail to remind any ruler' that men who were 'content under the previous regime' will always prove 'more useful' than anyone else (74–5).

Machiavelli's main concern, however, was of course to make it clear to the Medici that he was a man worth employing, an expert whom it would be foolish to overlook. He insists in his Dedication that 'to understand properly the character of rulers' it is essential to be 'a man of the people' (4). With his usual confidence, he adds that his own reflections are likely, for two reasons, to be of exceptional value. He stresses the 'long experience of modern affairs' he has gained over 'many years' and with 'much difficulty and danger'. And he points with pride to the theoretical mastery of statecraft he has acquired at the same time through his 'continual study of ancient history' – an indispensable source of wisdom on which he has reflected 'with great care' (3).

What, then, does Machiavelli think he can teach princes in general, and the Medici in particular, as a result of his reading and experience? To anyone beginning *The Prince* at the beginning, he might appear to have little more to offer than a dry and over-schematized analysis of types of principality and the means 'to acquire them and to hold them' (42). In the opening chapter he starts by isolating the idea of 'dominion' and lays it down that all dominions are 'either republics or principalities'. He immediately casts off the first term, observing that for the moment he will omit any discussion of republics and concern himself exclusively with principalities. Next he offers the unremarkable observation that all princedoms are either hereditary or new ones. Again he discards the first term, arguing that hereditary rulers encounter fewer difficulties and correspondingly stand in less need of his advice. Focusing on new princedoms, he goes on to distinguish the 'completely new' from those which 'are like limbs joined to the hereditary state of the ruler who annexes them' (5–6). Here he is less interested in the latter class, and after three chapters on 'mixed principalities' he moves on, in chapter 6, to the topic that clearly fascinates him most of all: that of 'completely new principalities' (19). At this point he makes one further subdivision of his material, and at the same time introduces perhaps the most important antithesis in the whole of his political theory, the antithesis around which the argument of *The Prince* revolves. New princedoms, he declares, are either acquired and held 'by one's own arms and *virtus*', or else 'through the power of others and *fortuna*' (19, 22).

Turning to this final dichotomy, Machiavelli again exhibits less interest in the first possibility. He agrees that those who have risen to power through 'their own *virtú* and not through Fortune' have been 'the most outstanding' leaders, and he instances 'Moses, Cyrus, Romulus, Theseus and others of that stamp'. But he is unable to think of any modern Italian examples (with the possible exception of Francesco Sforza) and the implication of his discussion is that such outstanding *virtú* is scarcely to be expected amid the corruption of the modern world (20). He accordingly concentrates on the case of princedoms acquired by Fortune and the aid of foreign arms. Here, by contrast, he finds modern Italy full of examples, the most instructive being that of Cesare Borgia, who 'gained his position through his father's Fortune', and whose career is 'worthy to be held up as a model' to all those 'who have risen to power through *fortuna* and through the arms of others' (28).

This contention marks the end of Machiavelli's divisions and subdivisions, and brings us to the class of principalities with which he is pre-eminently concerned. By this stage it also becomes clear that, although he has taken care to present his argument as a sequence of neutral typologies, he has cunningly organized the discussion in such a way as to highlight one particular type of case, and has done so because of its local and personal significance. The situation in which the need for expert advice is said to be especially urgent is where a ruler has come to power by Fortune and foreign arms. No contemporary reader of *The Prince* could have failed to reflect that, at the point when Machiavelli was advancing this claim, the Medici had just regained their former ascendancy in Florence as the result of an astonishing stroke of good Fortune, combined with the unstoppable force of the foreign arms supplied by Ferdinand of Spain. This does not imply, of course, that Machiavelli's argument can be dismissed as having no more than parochial relevance. But it does appear that he intended his original readers to focus their attention on one particular time and place. The place was Florence; the time was the moment at which *The Prince* was being composed.

The Classical Heritage

When Machiavelli and his contemporaries felt impelled – as in 1512 – to reflect on the immense power of Fortune in human affairs, they generally turned to the Roman historians and moralists to supply them with an authoritative analysis of the goddess's character. These writers had laid it down that, if a ruler owes his position to the intervention of Fortune, the first lesson he must learn is to fear the goddess, even when she comes bearing gifts. Livy had furnished a particularly influential statement of this claim in Book XXX of his *History*, in the course of describing the dramatic moment when Hannibal finally capitulates to the young Scipio. Hannibal begins his speech of surrender by remarking admiringly that his conqueror has so far been 'a man whom Fortune has never deceived'. But this merely prompts him to issue a grave warning about the place of Fortune in human affairs. Not only is 'the might of Fortune immense', but 'the greatest good Fortune is always least to be trusted'. If we depend on Fortune to raise us up, we are liable to fall 'the more terribly' when she turns against us, as she is almost certain to do in the end (XXX.30.12–23).

However, the Roman moralists never thought of Fortune as an

inexorably malign force. On the contrary, they saw her as a good goddess, *bona dea*, and a potential ally whose attention it is well worth trying to attract. The reason for seeking her friendship is of course that she disposes of the goods of Fortune, which all men are assumed to desire. These goods themselves are variously described: Seneca emphasizes honours and riches; Sallust prefers to single out glory and power. But it was generally agreed that, of all the gifts of Fortune, the greatest is honour and the glory that comes with it. As Cicero repeatedly stresses in *De Officiis*, man's highest good is 'the attainment of glory', 'the enhancement of personal honour and glory', the acquisition of the 'truest glory' that can be won (II.9.31; II.12.42; II.14.48.).

How, then, can we persuade Fortune to look in our direction, to pour out the gifts from her cornucopia on us rather than on others? The answer is that, although Fortune is a goddess, she is still a woman; and since she is a woman, she is most of all attracted by the *vir*, the man of true manliness. One quality she especially likes to reward is thus held to be manly courage. Livy, for example, several times cites the adage that 'Fortune favours the brave.' But the quality she admires most of all is *virtus*, the eponymous attribute of the truly manly man. The idea underlying this belief is most clearly set out in Cicero's *Tusculan Disputations*, in which he lays it down that the criterion for being a real man, a *vir*, is the possession of *virtus* in the highest degree. The implications of the argument are extensively explored in Livy's *History*, in which the successes won by the Romans are almost always explained in terms of the fact that Fortune likes to follow and even wait upon *virtus*, and generally smiles on those who exhibit it.

With the triumph of Christianity, this classical analysis of Fortune was entirely overthrown. The Christian view, most compellingly stated by Boethius in *The Consolation of Philosophy*, is based on denying the key assumption that Fortune is open to being influenced. The goddess is now depicted as 'a blind power', and hence as completely careless and indiscriminate in the bestowal of her gifts. She is no longer seen as a potential friend, but simply as a pitiless force; her symbol is no longer the cornucopia, but rather the wheel of change which turns inexorably 'like the ebb and flow of the tide' (177–9).

This new view of Fortune's nature went with a new sense of her significance. By her very carelessness and lack of concern for human merit in the disposition of her rewards, she is said to remind us that the goods of Fortune are completely unworthy of our pursuit, that the desire for worldly honour and glory is, as Boethius puts it, 'really nothing at all' (221). She serves in consequence to direct our footsteps away from the paths of glory, encouraging us to look beyond our earthly prison in order to seek our heavenly home. But this means that, in spite of her capricious tyranny, Fortune is genuinely an *ancilla dei*, an agent of God's benevolent providence. For it is part of God's design to show us that 'happiness cannot consist in the fortuitous things of this mortal life', and thus to make us 'despise all earthly affairs, and in the joy of heaven rejoice to be freed from earthly things' (197, 221). It is for this reason, Boethius concludes, that God has placed the control of the world's goods in Fortune's feckless hands. His aim is to teach us 'that sufficiency cannot be obtained through wealth, nor power through kingship, nor respect through office, nor fame through glory' (263).

Boethius's reconciliation of Fortune with providence had an enduring influence on Italian literature: it underlies Dante's discussion of Fortune in canto VII of *The Inferno* and furnishes the theme of Petrarch's *Remedy of the Two Kinds of Fortune*. However, with the recovery of classical values in the Renaissance, this analysis of Fortune as an *ancilla dei* was in turn challenged by a return to the earlier suggestion that a distinction must be drawn between Fortune and fate.

This development originated in a changing view about the nature of man's peculiar 'excellence and dignity'. Traditionally this had been held to lie in his possession of an immortal soul, but in the work of

Petrarch's successors we find a growing tendency to shift the emphasis in such a way as to highlight the freedom of the will. Man's freedom was felt to be threatened, however, by the concept of Fortune as an inexorable force. So we find a corresponding tendency to repudiate any suggestion that Fortune is merely an agent of providence. A striking example is provided by Pico della Mirandola's attack on the alleged science of astrology, a science he denounces for embodying the false assumption that our Fortunes are ineluctably assigned to us by the stars at the moment of our birth. A little later, we begin to encounter a widespread appeal to the far more optimistic view that – as Shakespeare makes Cassius say to Brutus – if we fail in our efforts to attain greatness, the fault must lie 'not in our stars but in our selves'.

By building on this new attitude to freedom, the humanists of fifteenth-century Italy were able to reconstruct the full classical image of Fortune's role in human affairs. We find it in Leon Battista Alberti's *Della famiglia*, in Giovanni Pontano's treatise *On Fortune*, and most remarkably in Aeneas Sylvius Piccolomini's tract of 1444 entitled *A Dream of Fortune*. The writer dreams that he is being guided through Fortune's kingdom, and that he encounters the goddess herself, who agrees to answer his questions. She admits to being wilful in the exercise of her powers, for when he inquires, 'How long do you remain kindly to men?' she replies, 'To none for very long.' But she is far from heedless of human merit, and does not deny the suggestion that 'there are arts by which it is possible for your favour to be gained'. Finally, when she is asked what qualities she particularly likes and dislikes, she responds with an allusion to the idea that Fortune favours the brave, declaring that 'those who lack courage are more hateful than anyone else'.*

When Machiavelli comes to discuss 'Fortune's power in human affairs'

* Aeneas Sylvius Piccolomini, 'Somnium de Fortuna' in *Opera Omnia* (Basel, 1551), p. 616.

in the penultimate chapter of *The Prince*, his handling of this crucial theme reveals him to be a typical representative of humanist attitudes. He opens his chapter by invoking the familiar belief that men are 'ruled by Fortune and by God', and by noting the apparent implication that 'we have no remedy at all' against the world's variations, since everything is providentially foreordained (84). In contrast to these Christian assumptions, he immediately offers a classical analysis of liberty. He concedes, of course, that human freedom is far from complete, since Fortune is immensely powerful, and 'may be the arbiter of half our actions'. But he insists that to suppose our fate to be entirely in her hands would be 'to eliminate human freedom'. And since he holds firmly to the humanist view that 'God does not want to do everything, in order not to deprive us of our freedom and the glory that belongs to us', he concludes that roughly half our actions must be genuinely under our control rather than under Fortune's sway (84–5, 89).

Machiavelli's most graphic image for this sense of man as the master of his fate is again classical in inspiration. He stresses that 'Fortune is a woman' and is in consequence readily allured by manly qualities (87). So he sees a genuine possibility of making oneself the ally of Fortune, of learning to act in harmony with her powers, neutralizing her varying nature and thus remaining successful in all one's affairs.

This brings Machiavelli to the key question the Roman moralists had originally posed. How can we hope to forge an alliance with Fortune, how can we induce her to smile on us? He answers in precisely the terms they had already used. He stresses that she is the friend of the brave, of those who are 'less cautious and more aggressive'. And he develops the idea that she is chiefly excited by, and responsive to, the *virtus* of the true *vir*. First he makes the negative point that she is most of all driven to rage and hatred by lack of *virtú*. Just as the presence of *virtú* acts as an embankment against her onrush, so she always directs her fury where she knows 'that no dykes or dams have been built'. He even goes so far as to suggest that she only shows her power when men of *virtú* fail to stand up to her – the implication being that she so greatly admires the quality that she never vents her most lethal spite on those who exhibit it (85, 87).

As well as reiterating these classical arguments, Machiavelli gives them an unusual erotic twist. He implies that Fortune may actually take a perverse pleasure in being violently handled. He not only claims that 'fortune is a woman, and if you want to control her, it is necessary to treat her roughly'. He adds that she is actually 'more inclined to yield to men' who 'treat her more boldly' (87).

The suggestion that men may be able to take advantage of Fortune in this way has sometimes been presented as a peculiarly Machiavellian insight. But even here Machiavelli is drawing on a stock of familiar imagery. The idea that Fortune must be opposed with violence had been emphasized by Seneca, while Piccolomini in his *Dream of Fortune* had even gone on to explore the erotic overtones of the belief. When he asks Fortune 'Who is able to hold on to you more than others?', she confesses that she is most of all attracted by men 'who keep my power in check with the greatest spirit'. And when he finally dares to ask 'Who is most acceptable to you among the living?', she tells him that, while she views with contempt 'those who run away from me', she is most aroused 'by those who put me to flight'.*

If men are capable of curbing Fortune and thus of attaining their highest goals, the next question to ask must be what goals a new prince should set himself. Machiavelli begins by stating a minimum condition, using a phrase that echoes throughout *The Prince*. The basic aim must be *mantenere lo stato*, by which he means that a new ruler must preserve the existing state of affairs, and especially keep control

* Aeneas Sylvius Piccolomini, 'Somnium de Fortuna' in *Opera Omnia* (Basel, 1551), p. 616.

of the prevailing system of government. As well as sheer survival, however, there are far greater ends to be pursued; and in specifying what these are, Machiavelli again reveals himself to be a true heir of the Roman historians and moralists. He assumes that all men want above all to acquire the goods of Fortune. So he totally ignores the orthodox Christian injunction (emphasized, for example, by St Thomas Aquinas in *The Government of Princes*) that a good ruler ought to avoid the temptations of worldly glory and wealth in order to be sure of attaining his heavenly rewards. On the contrary, it seems obvious to Machiavelli that the highest prizes for which men are bound to compete are 'glory and riches' – the two finest gifts that Fortune has it in her power to bestow (85).

Like the Roman moralists, however, Machiavelli sets aside the acquisition of riches as a base pursuit, and argues that the noblest aim for 'a far-seeing and *virtuoso*' prince must be to introduce a form of government 'that will bring honour to him' and make him glorious (87). For new rulers, he adds, there is even the possibility of winning a 'double glory': they not only have the chance to inaugurate a new princedom, but also to strengthen it 'with good laws, strong arms, reliable allies and exemplary conduct' (83). The attainment of worldly honour and glory is thus the highest goal for Machiavelli no less than for Livy or Cicero. When he asks himself in the final chapter of *The Prince* whether the condition of Italy is conducive to the success of a new ruler, he treats this as equivalent to asking whether a man of *virtú* can hope to 'mould it into a form that will bring honour to him' (87). And when he expresses his admiration for Ferdinand of Spain – whom he respects most of all among contemporary statesmen – the reason he gives is that Ferdinand has done 'great things' that have made him 'the most famous and glorious king in Christendom' (76).

These goals, Machiavelli thinks, are not especially difficult to attain – at least in their minimum form – where a prince has inherited a dominion 'accustomed to the rule of those belonging to the present ruler's family' (6). But they are very hard for a new prince to achieve, particularly if he owes his position to a stroke of good Fortune. Such regimes 'cannot sufficiently develop their roots' and are liable to be blown away by the first unfavourable weather that Fortune chooses to send them (23). And they cannot – or rather, they emphatically must not – place any trust in Fortune's continuing benevolence, for this is to rely on the most unreliable force in human affairs. For Machiavelli, the next – and the most crucial – question is accordingly this: what maxims, what precepts, can be offered to a new ruler such that, if they are 'put into practice skilfully', they will make him 'seem very well established' (83)? It is with the answer to this question that the rest of *The Prince* is chiefly concerned.

The Machiavellian Revolution

Machiavelli's advice to new princes comes in two principal parts. His first and fundamental point is that 'the main foundations of all states' are 'good laws and good armies'. Moreover, good armies are even more important than good laws, because 'it is impossible to have good laws if good arms are lacking', whereas 'if there are good arms there must also be good laws' (42–3). The moral – put with a typical touch of exaggeration – is that a wise prince 'should have no other objective and no other concern' than 'war and its methods and practices' (51–2).

Machiavelli goes on to specify that armies are basically of two types: hired mercenaries and citizen militias. In Italy the mercenary system was almost universally employed, but Machiavelli proceeds in chapter 12 to launch an all-out attack on it. 'For many years' the Italians have been 'controlled by mercenary armies' and the results have been appalling: the entire peninsula 'has been overrun by Charles, plundered by Louis, ravaged by Ferdinand and treated with contempt by the Swiss' (47). Nor could anything better have been expected, for all mercenaries 'are useless and dangerous'. They are 'disunited, ambitious, undisciplined and treacherous' and their capacity to ruin you 'is only postponed until the time comes when they are required to fight' (43). To Machiavelli the implications are obvious, and he states them with great force in chapter 13. Wise princes will always 'avoid using these troops and form armies composed of their own men'. So strongly does he feel this that he even adds the almost absurd claim that they will 'prefer to lose using their own troops rather than to conquer through using foreign troops' (49).

Such an intense vehemence of tone stands in need of some explanation, especially in view of the fact that most historians have concluded that the mercenary system usually worked quite effectively. One possibility is that Machiavelli was simply following a literary tradition at this point. The contention that true citizenship involves the bearing of arms had been emphasized by Livy and Polybius as well as Aristotle, and taken over by several generations of Florentine humanists after Leonardo Bruni and his disciples had revived the argument. It would be very unusual, however, for Machiavelli to follow even his most cherished authorities in such a slavish way. It seems more likely that, although he mounts a general attack on hired soldiers, he may have been thinking in particular about the misfortunes of his native city, which undoubtedly suffered a series of humiliations at the hands of its mercenary commanders in the course of the protracted war against Pisa. Not only was the campaign of 1500 a complete disaster, but a similar fiasco resulted when Florence launched a fresh offensive in 1505: the captains of ten mercenary companies mutinied as soon as the assault began, and within a week it had to be abandoned.

As we have seen, Machiavelli had been shocked to discover, at the time of the 1500 débâcle, that the French regarded the Florentines with derision because of their military incompetence, and especially because of their inability to reduce Pisa to obedience. After the renewed failure of 1505, he took the matter into his own hands and drew up a detailed plan for the replacement of Florence's hired troops with a citizen militia. The great council provisionally accepted the idea in December 1505, and Machiavelli was authorized to begin recruiting. By the following February he was ready to hold his first parade in the city, an occasion watched with great admiration by the diarist Luca Landucci, who recorded that 'this was thought the finest thing that had ever been arranged for Florence'.* During the summer of 1506 Machiavelli wrote *A Provision for Infantry*, emphasizing 'how little hope it is possible to place in foreign and hired arms', and arguing that the city ought instead to be 'armed with her own weapons and with her own men' (3). By the end of the year, the great council was finally convinced. A new government committee – the Nine of the Militia – was set up, Machiavelli was elected its secretary, and one of the most cherished ideals of Florentine humanism became a reality.

One might have supposed that Machiavelli's ardour for his militia-men would have cooled as a result of their disastrous showing in 1512, when they were sent to defend Prato and were effortlessly brushed aside by the advancing Spanish infantry. But in fact his enthusiasm remained undimmed. A year later, we find him assuring the Medici at the end of *The Prince* that what they must be sure to do 'above all else' is to equip Florence with her own armies (90). When he published his *Art of War* in 1521 – his only treatise on statecraft to be printed during his lifetime – he continued to reiterate the same arguments. The whole of Book I is given over to vindicating 'the method of the citizen army' against those who have doubted its usefulness (580). Machiavelli allows, of course, that such troops are far from invincible, but he still insists on their superiority over any other type of force (585). He concludes with the extravagant assertion that to speak of a wise man finding fault with the idea of a citizen army is simply to utter a contradiction (583).

We can now understand why Machiavelli felt so impressed by Cesare

* Luca Landucci, *A Florentine Diary from 1450 to 1516*, trans. A. Jervis (London, 1927), p. 218.

Borgia as a military commander, and asserted in *The Prince* that no better precepts could be offered to a new ruler than the example of the duke's conduct (23). For Machiavelli had been present, as we have seen, when the duke made the ruthless decision to eliminate his mercenary lieutenants and replace them with his own troops. This daring strategy appears to have had a decisive impact on the formation of Machiavelli's ideas. He reverts to it as soon as he raises the question of military policy in chapter 13 of *The Prince*, treating it as an exemplary illustration of the measures that any new ruler ought to adopt. Borgia is first of all praised for having recognized without hesitation that mercenary leaders are dangerously disloyal and deserve to be mercilessly destroyed. And he is even more fulsomely commended for having grasped the basic lesson that any new prince needs to learn if he wishes to maintain his state: he must stop relying on Fortune and foreign arms, raise soldiers of his own, and make himself 'complete master of his own forces' (25–6, 49).

Arms and the man: these are Machiavelli's two great themes in *The Prince*. The other lesson he accordingly wishes to bring home to the rulers of his age is that, in addition to having a sound army, a prince who aims to scale the heights of glory must cultivate the right qualities of princely leadership. The nature of these qualities had already been influentially analysed by the Roman moralists. They had argued in the first place that all great leaders need to some extent to be fortunate. For unless Fortune happens to smile, no amount of unaided human effort can hope to bring us to our highest goals. As we have seen, however, they also maintained that a special range of characteristics – those of the *vir* – tend to attract the favourable attentions of Fortune, and in this way almost guarantee us the attainment of honour, glory and fame. The assumptions underlying this belief are best summarized by Cicero in his *Tusculan Disputations*. He declares that, if we act from a thirst for *virtus* without any thought of winning glory as a result, this will give us the best chance of winning glory as well, provided that Fortune smiles; for glory is *virtus* rewarded (I.38.91).

This analysis was taken over without alteration by the humanists of Renaissance Italy. By the end of the fifteenth century, an extensive genre of humanist advice books for princes had grown up, and had begun to reach an unprecedentedly wide audience through the new medium of print. Such distinguished writers as Bartolomeo Sacchi, Giovanni Pontano, and Francesco Patrizi all wrote treatises for the guidance of new rulers, all of which were founded on the same basic principle: that the possession of *virtus* is the key to princely success. As Pontano rather grandly proclaims in his tract on *The Prince*, any ruler who wishes to attain his noblest ends 'must rouse himself to follow the dictates of *virtus*' in all his public acts. *Virtus* is 'the most splendid thing in the world', more magnificent even than the sun, for 'the blind cannot see the sun' whereas 'even they can see *virtus* as plainly as possible'.*

Machiavelli reiterates precisely the same beliefs about the relations between *virtú*, Fortune, and the achievement of princely goals. He first makes these humanist allegiances clear in chapter 6 of *The Prince*, in which he argues that 'in a completely new principality, where there is a new ruler, the difficulty he will have in maintaining it' will depend basically on whether he is 'more or less *virtuoso*' (19). This is later corroborated in chapter 24, the aim of which is to explain 'Why the rulers of Italy have lost their states' (83). Machiavelli insists that they should not blame Fortune for their disgrace, because 'she only shows her power' when men of *virtú* are not prepared to resist her (84, 85). Their losses are simply due to their failure to recognize that the only 'effective, certain and lasting' defences are those based on your own *virtú* (84). The role of *virtú is* again underlined in chapter 26, the impassioned 'Exhortation' to liberate Italy that brings *The Prince* to an end. At this point Machiavelli reverts to the incomparable leaders praised in chapter 6 for their 'outstanding *virtú*' – Moses, Cyrus, and

* Giovanni Pontano, 'De principe' in *Prosatori Latini del Quattrocento*, ed. E. Garin (Milan, n.d.), pp. 1042–4.

Theseus (20). He implies that nothing less than a union of their astonishing abilities with the greatest good Fortune will enable Italy to be saved. And he adds – in an uncharacteristic moment of flattery – that the glorious family of the Medici luckily possess all the requisite qualities: they have tremendous *virtú*; they are immensely favoured by Fortune; and they are no less 'favoured by God and by the Church' (88).

It is often complained that Machiavelli fails to provide any definition of *virtú*, and even that he is innocent of any systematic use of the word. But it will now be evident that he uses the term with complete consistency. Following his classical and humanist authorities, he treats it as that quality which enables a prince to withstand the blows of Fortune, to attract the goddess's favour, and to rise in consequence to the heights of princely fame, winning honour and glory for himself and security for his government.

It still remains, however, to consider what particular characteristics are to be expected in a man of *virtuoso* capacities. The Roman moralists had bequeathed a complex analysis of the concept of *virtus*, generally picturing the true *vir* as the possessor of three distinct yet affiliated sets of qualities. They took him to be endowed in the first place with the four 'cardinal' virtues of wisdom, justice, courage and temperance – the virtues that Cicero (following Plato) had begun by singling out in the opening book of *De Officiis*. But they also credited him with an additional range of qualities that later came to be regarded as peculiarly 'princely' in nature. The chief of these – the pivotal virtue of Cicero's *De Officiis* – was what Cicero called 'honesty', meaning a willingness to keep faith and deal honourably with all men at all times. This was felt to need supplementing by two further attributes, both of which were described in *De Officiis*, but were more extensively analysed by Seneca, who devoted special treatises to each of them. One was princely magnanimity, the theme of Seneca's *On Clemency*; the other was liberality, one of the major topics discussed in Seneca's *On Benefits*.

Finally, the true *vir* was said to be characterized by his steady recognition of the fact that, if we wish to reach the goals of honour and glory, we must always be sure to behave as virtuously as possible. This contention – that it is always rational to be moral – lies at the heart of Cicero's *De Officiis*. He observes in Book II that many men believe 'that a thing may be morally right without being expedient, and expedient without being morally right'. But this is an illusion, for it is only by moral methods that we can hope to attain the objects of our desires. Any appearances to the contrary are wholly deceptive, for expediency can never conflict with moral rectitude (II.3.9–10).

This analysis was again adopted in its entirety by the writers of advice books for Renaissance princes. They made it their governing assumption that the general concept of *virtus* must refer to the complete list of cardinal and princely virtues, a list they proceeded to amplify and subdivide with so much attention to nuance that, in a treatise such as Patrizi's on *The Education of the King*, we find the overarching idea of *virtus* separated out into a series of no less than forty moral virtues which the ruler is expected to acquire. Next, they unhesitatingly endorsed the contention that the rational course of action for the prince to follow will always be the moral one, arguing the point with so much force that they eventually made it proverbial to say that 'honesty is the best policy'. And finally, they contributed a specifically Christian objection to any divorce between expediency and the moral realm. They insisted that, even if we succeed in advancing our interests by perpetrating injustices in this present life, we can still expect to find these apparent advantages cancelled out when we are justly visited with divine retribution in the life to come.

If we examine the moral treatises of Machiavelli's contemporaries we find these arguments tirelessly reiterated. But when we turn to *The Prince* we find this aspect of humanist morality suddenly and violently overturned. The upheaval begins in chapter 15, when Machiavelli starts to discuss the princely virtues and vices, and quietly warns us that 'I am well aware that many people have written about this subject', but that 'what I have to say differs from the precepts offered by others' (54). He begins by alluding to the familiar humanist commonplaces: that there is a special group of princely virtues; that these include the need to be liberal, merciful, and truthful; and that all rulers have a duty to cultivate these qualities. Next he concedes – still in orthodox humanist vein – that 'it would be most praiseworthy' for a prince to be able at all times to act in such ways. But then he totally rejects the fundamental humanist assumption that these are the virtues a ruler needs to acquire if he wishes to achieve his highest ends. This belief – the nerve and heart of humanist advice books for princes – he regards as an obvious and disastrous mistake. He agrees of course about the nature of the ends to be pursued: every prince must seek to maintain his state and obtain glory for himself. But he objects that, if these goals are to be attained, no ruler can possibly possess or fully practise all the qualities usually 'held to be good'. The position in which any prince finds himself is that of trying to protect his interests in a dark world filled with unscrupulous men. If in these circumstances he 'does not do what is generally done, but persists in doing what ought to be done' he will simply 'undermine his power rather than maintain it' (54).

Machiavelli's criticism of classical and contemporary humanism is thus a simple but devastating one. He argues that, if a ruler wishes to reach his highest goals, he will not always find it rational to be moral; on the contrary, he will find that any consistent attempt to cultivate the princely virtues will prove to be a ruinously irrational policy (62). But what of the Christian objection that this is a foolish as well as a wicked position to adopt, since it forgets the day of judgement on which all injustices will finally be punished? About this Machiavelli says nothing at all. His silence is eloquent, indeed epoch making; it echoed around Christian Europe, at first eliciting a stunned silence in return, and then a howl of execration that has never finally died away.

If princes ought not to conduct themselves according to the dictates of conventional morality, how ought they to conduct themselves? Machiavelli's response – the core of his positive advice to new rulers – is given at the beginning of chapter 15. A wise prince will be guided above all by the dictates of necessity: if he 'wishes to maintain his power' he must always 'be prepared to act immorally when this becomes necessary' (55). Three chapters later, this basic doctrine is repeated. A wise prince does good when he can, but 'if it becomes necessary to refrain' he 'must be prepared to act in the opposite way and be capable of doing it'. Moreover, he must reconcile himself to the fact that, 'in order to maintain his power', he will *often* be forced by necessity 'to act treacherously, ruthlessly or inhumanely' (62).

As we have seen, the crucial importance of this insight was first put to Machiavelli at an early stage in his diplomatic career. It was after conversing with the cardinal of Volterra in 1503, and with Pandolfo Petrucci some two years later, that he originally felt impelled to record what was later to become his central political belief: that the clue to successful statecraft lies in recognizing the force of circumstances, accepting what necessity dictates, and harmonizing one's behaviour with the times. A year after Pandolfo gave him this recipe for princely success, we find Machiavelli putting forward a similar set of observations as his own ideas for the first time. While stationed at Perugia in September 1506, watching the hectic progress of Julius II's campaign, he fell to musing in a letter to his friend Giovan Soderini about the reasons for triumph and disaster in civil and military affairs. 'Nature', he declares, 'has given every man a particular talent and inspiration' which 'controls each one of us'. But 'the times are varied' and 'subject to frequent change', so that 'those who fail to alter their ways of proceeding' are bound to encounter 'good Fortune at one time and bad at another'. The moral is obvious: if a man wishes 'always to enjoy good Fortune', he must 'be wise enough to accommodate himself to the times'. Indeed, if everyone were 'to command his nature' in this way, and 'match his way of proceeding with his age', then 'it would genuinely come true that the wise man would be the ruler of the stars and of the fates' (73).

Writing *The Prince* seven years later, Machiavelli virtually copied out these 'Caprices', as he deprecatingly called them, in his chapter on the role of Fortune in human affairs. Everyone, he says, likes to follow their own particular bent: one man proceeds cautiously, another impetuously; one forcefully, another cunningly. But in the meantime, 'times and circumstances change', so that a ruler who 'does not change his methods' will eventually 'come to grief'. However, Fortune would not change if one learned 'to change one's character to suit the times and circumstances'. So the successful prince will always be the one who moves with the times (85–6).

By now it will be evident that the revolution Machiavelli engineered in the genre of advice books for princes was based in effect on redefining the pivotal concept of *virtú*. He endorses the conventional assumption that *virtú* is the name of that congeries of qualities which enables a prince to ally with Fortune and obtain honour, glory, and fame. But he divorces the meaning of the term from any necessary connection with the cardinal and princely virtues. He argues instead that the defining characteristic of a truly *virtuoso* prince will be a willingness to do whatever is dictated by necessity – whether the action happens to be wicked or virtuous – in order to attain his highest ends. So *virtú* comes to denote precisely the requisite quality of moral flexibility in a prince: 'He must be prepared to vary his conduct as the winds of fortune and changing circumstance constrain him' (62).

Machiavelli takes some pains to point out that this conclusion opens up an unbridgeable gulf between himself and the whole tradition of humanist political thought, and does so in his most savagely ironic style. To the classical moralists and their innumerable followers, moral virtue had been the defining characteristic of the *vir*, the man of true manliness. Hence to abandon virtue was not merely to act irrationally;

it was also to abandon one's status as a man and descend to the level of the beasts. As Cicero had put it in Book I of *De Officiis*, there are two ways in which wrong may be done, either by force or by fraud. Both, he declares, 'are bestial' and 'wholly unworthy of man' – force because it typifies the lion and fraud because it 'seems to belong to the cunning fox' (I.13.41).

To Machiavelli, by contrast, it seemed obvious that manliness is not enough. There are indeed two ways of acting, he agrees at the start of chapter 18, of which 'the first is appropriate for men, the second for animals'. But 'because the former is often ineffective, one must have recourse to the latter' (61). One of the things a prince therefore needs to know is which animals to imitate. Machiavelli's celebrated advice is that he will come off best if he learns to imitate 'both the fox and the lion', supplementing the ideals of manly decency with the beastly arts of force and fraud (61). This conception is underlined in the next chapter, in which Machiavelli discusses one of his favourite historical characters, the Roman emperor Septimius Severus. First he assures us that the emperor was a man of very great *virtú* (68). And then, explaining the judgement, he adds that Septimius's great qualities were those of 'a very fierce lion and a very cunning fox', as a result of which he was 'feared and respected by everyone' (69).

Machiavelli rounds off his analysis by indicating the lines of conduct to be expected from a truly *virtuoso* prince. In chapter 19 he puts the point negatively, stressing that such a ruler will never do anything worthy of contempt, and will always take the greatest care to avoid becoming an object of hatred (63). In chapter 21 the positive implications are then spelled out. Such a prince will always stand boldly forth, either as 'a true ally or an outright enemy'. At the same time he will ensure, like Ferdinand of Spain, that he presents himself to his subjects as majestically as possible, doing 'great things' and keeping his subjects 'in a state of suspense and amazement as they await their outcome' (77).

In the light of this account, it is again easy to understand why Machiavelli felt such admiration for Cesare Borgia, and wished to hold him up – despite his obvious limitations – as a pattern of *virtú* for other new princes. For Borgia had demonstrated, on one terrifying occasion, that he understood perfectly the paramount importance of avoiding the hatred of the people while at the same time keeping them in awe. The occasion was when he realized that his government of the Romagna, in the capable but tyrannical hands of Rimirro de Orco, was falling into the most serious danger of all, that of becoming hated by those living under it. As we have seen, Machiavelli was an eyewitness of Borgia's cold-blooded solution to the dilemma: the summary murder of Rimirro and the exhibition of his body in the public square as a sacrifice to the people's rage.

Machiavelli's belief in the imperative need to avoid popular hatred and contempt should perhaps be dated from this moment. But even if the duke's action merely served to corroborate his own sense of political realities, there is no doubt that the episode left him deeply impressed. When he came to discuss the issues of hatred and contempt in *The Prince*, this was precisely the incident he recalled in order to illustrate his point. He makes it clear that Borgia's action had struck him on reflection as being profoundly right. It was resolute; it took courage; and it brought about exactly the desired effect, since it 'left the people both satisfied and amazed' while at the same time removing the cause of their hatred. Summing up in his iciest tones, Machiavelli remarks that the policy not only deserves to be 'known about' but also to be 'imitated by others' (26).

The New Morality

Machiavelli is fully aware that his new analysis of princely *virtú* raises some new difficulties. He states the main dilemma in the course of chapter 15: on the one hand 'a ruler who wishes to maintain his power must be prepared to act immorally when this becomes necessary'; but on the other hand he must be careful not to acquire the reputation of being a wicked man, because this will destroy his power instead of securing it (55). The problem is how to avoid appearing wicked when you cannot avoid behaving wickedly.

Moreover, the dilemma is even sharper than this implies, for the true aim of the prince is not merely to secure his position, but is of course to win honour and glory as well. As Machiavelli indicates in recounting the story of Agathocles of Sicily in chapter 8, this greatly intensifies the predicament in which any new ruler finds himself. Agathocles, we are told, 'always lived a very dissolute life' and was known for 'appallingly cruel and inhumane conduct'. These attributes brought him immense success, enabling him to rise from 'the lowest and most abject origins' to become king of Syracuse and hold on to his principality 'without any civil strife' (30–1). But as Machiavelli warns us, in a deeply revealing phrase, such unashamed cruelties may win us power 'but not glory'. Although Agathocles was able to maintain his state by means of these qualities, they 'cannot be called *virtú*' and they 'preclude his being numbered among the finest men' (31).

Machiavelli refuses to admit that the dilemma can be resolved by setting stringent limits to princely wickedness, and in general behaving honourably towards one's subjects and allies. This is exactly what one cannot hope to do, because all men at all times 'are ungrateful, fickle, feigners and dissemblers, avoiders of danger, eager for gain', so that any ruler 'who has relied completely on their promises, and has neglected to prepare other defences, will be ruined' (59). The implication is that a prince, and above all a new prince, will often – not just occasionally – find himself forced by necessity to act contrary to humanity if he wishes to keep his position and avoid being deceived (62).

These are acute difficulties, but they can nevertheless be overcome. The prince need only remember that, although it is not necessary to have all the qualities usually considered good, it is indispensable to appear to have them (66). It is desirable to be considered liberal; it is sensible to seem merciful and not cruel; it is essential in general to appear meritorious (56, 58, 64). The solution is thus to become a great simulator and dissimulator, learning the skill of 'cunningly confusing men' and making them believe in your pretence (61).

Machiavelli had received an early lesson in the value of cunningly confusing men. As we have seen, he had been present when the struggle developed between Cesare Borgia and Julius II in the closing months of 1503, and it is evident that the impressions he carried away from that occasion were still uppermost in his mind when he came to write about the question of dissimulation in *The Prince*. He immediately refers back to the episode he had witnessed, using it as his main example of the need to remain constantly on one's guard against princely duplicity. Julius, he recalls, managed to conceal his hatred of Borgia so cleverly that he caused the duke to fall into the egregious error of believing 'that new benefits make important men forget old injuries' (29). He was then able to put his powers of dissimulation to decisive use. Having won the papal election with Borgia's full support, he suddenly revealed his true feelings, turned against the duke, and brought about his final downfall. Borgia certainly blundered at this point, and Machiavelli feels that he deserves to be blamed severely for his mistake. He ought to have known that a talent for spreading confusion is part of the armoury of any successful prince (34).

Machiavelli cannot have been unaware, however, that in recommending the arts of deceit as the key to success he was in danger of sounding too glib. More orthodox moralists had always been prepared to consider the suggestion that hypocrisy might be used as a short cut to glory, but had always gone on to rule out any such possibility. Cicero, for example, had explicitly canvassed the idea in Book II of *De Officiis*, only to dismiss it as a manifest absurdity. Anyone, he declares, who 'thinks that he can win lasting glory by pretence' is 'very much mistaken'. The reason is that 'true glory strikes deep roots and spreads its branches wide', whereas 'all pretences soon fall to the ground like fragile flowers' (II.12.43).

Machiavelli responds, as before, by rejecting such earnest sentiments in his most ironic style. He insists in chapter 18 that the practice of hypocrisy is not merely indispensable to princely government, but is capable of being sustained without much difficulty for as long as may be required. Two distinct reasons are offered for this deliberately provocative conclusion. One is that most men are so simple-minded, and above all so prone to self-deception, that they usually take things at face value in a wholly uncritical way (62). The other is that, when it comes to assessing the behaviour of princes, even the shrewdest observers are largely condemned to judge by appearances. Isolated from the populace, sustained by the majesty of his role, the prince's position is such that 'everyone can see what you appear to be' but 'few have direct experience of what you really are' (63). So there is no reason to suppose that your sins will find you out; on the contrary, 'a skilful deceiver always finds plenty of people who will let themselves be deceived' (62).

A further issue Machiavelli discusses is what attitude we should take towards the new rules he has sought to inculcate. At first sight he appears to adopt a relatively conventional moral stance. He agrees in chapter 15 that 'it would be most praiseworthy' for new princes to exhibit those qualities which are normally considered good, and he equates the abandonment of the princely virtues with the process of learning 'to act immorally' (55). The same scale of values recurs even in the notorious chapter on 'How rulers should keep their promises'. Machiavelli begins by affirming that everybody realizes how praiseworthy it is when a ruler 'lives uprightly and not by trickery' (61). He goes on to insist that a prince ought not merely to seem conventionally virtuous, but ought 'actually to be so' as far as circumstances permit. He should 'not deviate from right conduct if possible, but be capable of entering upon the path of wrongdoing when this becomes necessary' (62).

However, two very different arguments are introduced in the course of chapter 15, each of which is subsequently developed. First of all, Machiavelli is somewhat quizzical about whether we can properly say that those qualities which are considered good, but are nevertheless ruinous, really deserve the name of virtues. Since they are prone to bring destruction, he prefers to say that they 'seem virtuous'; and since their opposites are more likely to strengthen one's position, he prefers to say that they only look like vices (55).

This suggestion is pursued in both the succeeding chapters. Chapter 16, entitled 'Generosity and Meanness', picks up a theme handled by all the classical moralists and turns it on its head. When Cicero discusses the virtue of generosity in *De Officiis* (II.17.58 and II.22.77), he defines it as a desire to 'avoid any suspicion of penuriousness', together with an awareness that no vice is more offensive in a political leader than parsimony and avarice. Machiavelli replies that, if this is what we mean by generosity, it is the name not of a virtue but a vice. He argues that a ruler who wishes to avoid a reputation for parsimony will find that he 'needs to spend lavishly and ostentatiously'. As a result, he will find himself having 'to tax the people very heavily' to pay for his liberality, a policy which will soon make him 'hated by his subjects'. Conversely, if he begins by abandoning any desire to act with such munificence, he may well be called miserly at the outset, but 'eventually he will be come to be considered more generous', and will in fact be practising the true virtue of generosity (59).

A similar paradox appears in the following chapter, entitled 'Cruelty and Mercifulness'. This too had been a favourite topic among the Roman moralists, Seneca's essay *On Clemency* being the most celebrated treatment of the theme. According to Seneca, a prince who is merciful will always show 'how loath he is to turn his hand' to punishment; he will resort to it only 'when great and repeated wrongdoing has overcome his patience'; and he will inflict it only 'after great reluctance' and 'much procrastination' as well as with the greatest possible clemency (I.13.4, I.14.1, II.2.3). Faced with this orthodoxy, Machiavelli insists once more that it represents a complete misunderstanding of the virtue involved. If you begin by trying to be merciful, so that you 'overindulgently permit disorders to develop' and only turn to punishment once 'killings and plunderings' have begun, your conduct will be far less clement than that of a ruler who possesses the courage to start by making an example of the ringleaders involved. Machiavelli gives the example of his fellow Florentines, who wanted to avoid seeming cruel in the face of an uprising and in consequence acted in such a way that the destruction of an entire city resulted – an outcome hideously more cruel than any cruelty they could have devised. This is contrasted with the behaviour of Cesare Borgia, who 'was considered cruel', but whose harsh measures 'restored order to the Romagna, unifying it and rendering it peaceful and loyal' by means of his alleged viciousness (58).

This leads Machiavelli to a closely connected question which he puts forward – with a similar air of self-conscious paradox – later in the same chapter: 'whether it is better to be loved than feared, or vice versa' (59). Again the classic answer had been furnished by Cicero in *De Officiis*. 'Fear is but a poor safeguard of lasting power', whereas love 'may be trusted to keep it safe for ever' (II.7.23). Again Machiavelli registers his total dissent. 'It is much safer', he retorts, for a prince 'to be feared than loved'. The reason is that many of the qualities that make a prince loved also tend to bring him into contempt. If your subjects have no 'dread of punishment', they will take every chance to deceive you for their own profit. But if you make yourself feared, they will hesitate to offend or injure you, as a result of which you will find it much easier to maintain your state (59).

The other line of argument in these chapters reflects an even more

NICHOLAS MACHIAVEL'S

PRINCE.

ALSO,

The life of *Caſtruccio Caſtracani* of *Lucca*.

AND

The meanes Duke *Valentine* us'd to put to death *Vitellozzo Vitelli*, *Oliverotto* of *Fermo*, *Paul* and the Duke of *Gravina*.

Tranſlated out of *Italian* into *Engliſh*; By *E. D.*

With ſome Animadverſions noting and taxing his errours.

LONDON,
Printed by *R. Biſhop*, for *Wil: Hils*, and are to be ſold by *Daniel Pakeman* at the ſigne of the Rainebow neare the Inner Temple gate. 1640.

3. The title-page of Edward Dacres's translation of *The Prince*, the earliest English version to be printed.

scornful rejection of conventional humanist morality. Machiavelli suggests that, even if the qualities usually considered good are indeed virtues – such that a ruler who flouts them will undoubtedly be falling into vice – he ought not to worry about such vices if he thinks them either useful or irrelevant to the conduct of his government.

Machiavelli's main concern at this point is to remind new rulers of their most basic duty of all. A wise prince 'should not be troubled about becoming notorious for those vices without which it is difficult to preserve his power'; he will see that such criticisms are merely an unavoidable cost he has to bear in the course of discharging his fundamental obligation, which is of course to maintain his state (55). The implications are first spelled out in relation to the supposed vice of parsimony. Once a wise prince perceives that miserliness is 'one of those vices that enable him to rule', he will cease to worry about being thought a miserly man (57). The same applies in the case of cruelty. A willingness to act on occasion with exemplary severity is crucial to the preservation of good order in civil as in military affairs. This means that a wise prince 'should not worry about incurring a reputation for cruelty', and that it is essential not to worry about being called cruel if you are an army commander, for without such a reputation you can never hope to keep your troops 'united and prepared for military action' (60).

Lastly, Machiavelli considers whether it is important for a ruler to eschew the lesser vices and sins of the flesh if he wishes to maintain his state. The writers of advice books for princes generally dealt with this issue in a sternly moralistic vein, echoing Cicero's insistence in Book I of *De Officiis* that propriety is 'essential to moral rectitude', and thus that all persons in positions of authority must avoid all lapses of conduct in their personal lives (I.28.98). By contrast, Machiavelli answers with a shrug. A wise prince 'will seek to avoid those vices' if he can; but if he finds he cannot, then he certainly will not trouble himself unduly about such ordinary moral susceptibilities (55).

Chapter 3
The Theorist of Liberty

With the completion of *The Prince*, Machiavelli's hopes of returning to an active public career revived. As he wrote to Vettori in December 1513, his highest aspiration was still to make himself 'useful to our Medici lords, even if they begin by making me roll a stone'. He wondered whether the most effective way of realizing his ambition might be to go to Rome with 'this little treatise of mine' in order to offer it in person to Giuliano de' Medici, thereby showing him that he 'might well be pleased to gain my services' (C 305).

At first Vettori seemed willing to support this scheme. He replied that Machiavelli should send him the book, so that he 'could see whether it might be appropriate to present it' (C 312). When Machiavelli duly dispatched the fair copy he had begun to make of the opening chapters, Vettori announced that he was 'extremely pleased with them', though he cautiously added that 'since I do not have the rest of the work, I do not wish to offer a final judgement' (C 319).

It soon became clear, however, that Machiavelli's hopes were again going to be dashed. Having read the whole of *The Prince* early in 1514, Vettori responded with an ominous silence. He never mentioned the work again, and instead began to fill up his letters with distracting chatter about his latest love affairs. Although Machiavelli forced himself to write back in a similar spirit, he was barely able to conceal his mounting anxiety. By the middle of the year, he finally came to realize that it was all hopeless, and wrote in great bitterness to Vettori to say that he was giving up the struggle. It has become obvious, he declares, 'that I am going to have to continue in this sordid way of life, without finding a single man who remembers the service I have done or believes me capable of doing any good' (C 343).

After this disappointment Machiavelli's life underwent a permanent change. Abandoning any further hopes of a diplomatic career, he began to see himself increasingly as a man of letters. The main sign of this new orientation was that, after another year or more of 'rotting in idleness' in the country, he started to take a prominent part in the meetings held by a group of humanists and literati who forgathered regularly at Cosimo Rucellai's gardens on the outskirts of Florence for learned conversation and entertainment.

These discussions at the *Orti Oricellari* were partly of a literary character. There were debates about the rival merits of Latin and Italian as literary languages, and there were readings and even performances of plays. The effect on Machiavelli was to channel his creative energies in a wholly new direction: he decided to write a play himself. The result was *Mandragola*, his brilliant if brutal comedy about the seduction of an old judge's beautiful young wife. The original version was probably completed in 1518, and may well have been read to Machiavelli's friends in the *Orti* before being publicly presented for the first time in Florence and Rome in the course of the next two years.

It is evident, however, that the most intensive debates at the *Orti* were on political themes. As one of the participants, Antonio Brucioli, later recalled in his *Dialogues*, they continually discussed the fate of republican regimes: how they rise to greatness, how they sustain their liberties, how they decline and fall into corruption, how they finally arrive at their inescapable point of collapse. Nor did their interest in civic freedom express itself merely in words. Some members of the group became such passionate opponents of the restored Medicean 'tyranny' that they were drawn into the unsuccessful plot to murder Cardinal Giulio de' Medici in 1522. One of those executed after the conspiracy misfired was Jacopo da Diacceto; among those condemned to exile were Zanobi Buondelmonti, Luigi Alamanni, and Brucioli himself. All had been prominent members of the *Orti Oricellari* circle, the meetings of which came to an abrupt end after the failure of the attempted *coup*.

Machiavelli was never so vehement a partisan of republican liberty that he felt inclined to associate himself with any of the various anti-Medicean conspiracies. But it is clear that he was deeply influenced by his contacts with Cosimo Rucellai and his friends. One outcome of his participation in their discussions was his treatise on *The Art of War*, which he published in 1521. This is actually couched in the form of a conversation set in the *Orti Oricellari*, with Rucellai introducing the argument while Buondelmonti and Alamanni serve as the chief interlocutors. But the most important product of Machiavelli's association with these republican sympathisers was his decision to write his *Discourses*, his longest and in some ways his most original contribution to the theory of government. Not only was the work dedicated to Buondelmonti and Rucellai, but Machiavelli explicitly credits them in his Dedication with having 'forced me to write what I of myself never would have written' (188).

The Means to Greatness

Machiavelli's *Discourses* nominally takes the form of a commentary on the first ten books of Livy's history of Rome, in the course of which Livy had traced the rise of the city to greatness after the defeat of her local rivals, the expulsion of her kings and the establishment of the 'free state'. But Machiavelli ranges far more widely through Livy's text than his title suggests, and handles his chosen topics in a discursive, unsystematic and occasionally even fragmentary way. Sometimes he uses Livy's narrative as a peg on which to hang a wide-ranging discussion of some major topic in the theory of statecraft, but at other times he merely talks about an individual figure or tells a story and draws a moral from it. This is by no means to say that his labyrinth lacks a guiding thread. Of the three Books into which the *Discourses* are divided, the first is primarily concerned with the constitution of a free state, the second with how to maintain effective military power and the third with questions of leadership. While I shall follow these contours, however, it needs to be remembered that the effect of doing so will be to give the impression of a more neatly organized text than Machiavelli succeeded in creating or perhaps even wanted to create.

As Machiavelli sets out to investigate the early history of Rome, there is one question that preoccupies him above all. He first mentions it in the opening paragraph of the first Discourse, and it underlies much of the rest of the book. His aim, he says, is to discover what 'made possible the dominant position to which that republic rose' (192). What enabled Rome to attain its unparalleled greatness and power?

There are obvious links between this theme and that of *The Prince*. It is true that in *The Prince* Machiavelli begins by excluding republics from consideration, whereas in the *Discourses* they furnish him with his main evidence. But it would be a mistake to infer that the *Discourses* are exclusively concerned with republics as opposed to principalities. As Machiavelli stresses in chapter 2, his interest lies not in republics as such, but rather in the government of cities, whether they are ruled 'as republics or as princedoms' (195). Moreover, there are close parallels between Machiavelli's desire in *The Prince* to advise rulers on how to attain glory by doing 'great things' and his aspiration in the *Discourses* to explain why certain cities have 'come to greatness', and why the city of Rome in particular managed to attain 'supreme greatness' and to produce such 'great results' (207–11, 341).

What, then, were 'the methods needed for attaining to greatness' in the case of Rome (358)? For Machiavelli the question is a practical one, since he endorses the conventional humanist assumption that anyone who 'considers present affairs and ancient ones readily understands that all cities and all peoples have the same desires and the same traits'. This means that 'he who diligently examines past events easily foresees future ones' and 'can apply to them the remedies used by the ancients', or at least 'devise new ones because of the similarity of the events' (278). The exhilarating hope that underlies and animates the *Discourses* is thus that, if we can find out the cause of Rome's success, we may be able to repeat it.

A study of classical history discloses, according to the start of the second Discourse, that the clue to understanding Rome's achievement can be encapsulated in a single sentence. 'Experience shows that cities have never increased in dominion or riches except while they have been at liberty.' The ancient world is said to offer two particularly impressive illustrations of this general truth. First, 'it is a marvellous thing to consider to what greatness Athens came in the space of a hundred years after she freed herself from the tyranny of Pisistratus'. But above all it is 'very marvellous to observe what greatness Rome came to after she freed herself from her kings' (329). By contrast, 'the opposite of all these things happens in those countries that live as slaves' (333). For 'as soon as a tyranny is established over a free community', the first evil that results is that such cities 'no longer go forward and no longer increase in power or in riches; but in most instances, in fact always, they go backward' (329).

What Machiavelli primarily has in mind in laying so much emphasis on liberty is that a city bent on greatness must remain free from all forms of political servitude, whether imposed 'internally' by the rule of a tyrant or 'externally' by an imperial power (195, 235). This in turn means that to say of a city that it possesses its liberty is equivalent to saying that it holds itself independent of any authority save that of the community itself. To speak of a 'free state' is thus to speak of a state that governs itself. Machiavelli makes this clear in the second chapter of his first Discourse, where he announces that he will 'omit discussion of those cities' that started by being 'subject to somebody' and will concentrate on those which began in liberty – that is, on those which 'at once governed themselves by their own judgement' (195). The same commitment is reiterated later in the chapter, where Machiavelli first praises the laws of Solon for setting up 'a form of government based on the people', and then proceeds to equate this arrangement with that of living 'in liberty' (199).

The first general conclusion of the *Discourses* is thus that cities only 'grow enormously in a very short time' and acquire greatness if 'the people are in control of them' (316). This does not lead Machiavelli to lose interest in principalities, for he is sometimes (though not consistently) willing to believe that the maintenance of popular control may be compatible with a monarchical form of government (e.g. 427). But it certainly leads him to express a marked preference for republican over princely regimes. He states his reasons most emphatically at the beginning of the second Discourse. It is 'not individual good but common good' that 'makes cities great', and 'without doubt this common good is thought important only in republics'. Under a prince 'the opposite happens', for 'what benefits him usually injures the city, and what benefits the city injures him'. This explains why cities under monarchical government seldom 'go forward', whereas 'all cities and provinces that live in freedom anywhere in the world' always 'make very great gains' (329, 332).

If liberty is the key to greatness, how is liberty itself to be acquired and kept safe? Machiavelli begins by admitting that an element of good Fortune is always involved. It is essential that a city should have 'a free beginning, without depending on anyone' if it is to have any prospect of achieving civic glory (193, 195). Cities which suffer the misfortune of starting life in a servile condition generally find it 'not merely difficult but impossible' to 'find laws which will keep them free' and bring them fame (296).

As in *The Prince*, however, Machiavelli treats it as a cardinal error to suppose that the attainment of greatness is entirely dependent on Fortune's caprice. Raising the issue at the beginning of his third Discourse, he concedes that according to some 'very weighty' writers – including Plutarch and Livy – the rise to glory of the Roman people owed almost everything to Fortune. But he replies that he is 'not willing to grant this in any way' (324). He later admits that the Romans enjoyed many blessings of Fortune, as well as benefiting from various afflictions which the goddess sent them 'in order to make Rome stronger and bring her to the greatness she attained' (408). But he insists – again echoing *The Prince* – that the achievement of great things is never the outcome merely of good Fortune; it is always the product of Fortune combined with the indispensable quality of *virtú*, the quality that enables us to endure our misfortunes with equanimity and at the same time attracts the goddess's favourable attentions. So he concludes that if we wish to understand what 'made possible the dominant position' to which the Roman republic rose, we must recognize that the answer lies in the fact that Rome possessed 'so much *virtú*' and managed to ensure that this crucial quality was 'kept up in that city for so many centuries' (192). It was because the Romans 'mixed with their Fortune the utmost *virtú*' that they maintained their original freedom and ultimately rose to dominate the world (326).

When he turns to analyse this pivotal concept of *virtú*, Machiavelli follows precisely the lines already laid down in *The Prince*. It is true that he applies the term in such a way as to suggest one important addition to his previous account. In *The Prince* he had associated the quality exclusively with the greatest political leaders and military commanders; in the *Discourses* he explicitly insists that, if a city is to attain greatness, it is essential that the quality should be possessed by the citizen body as a whole (498). However, when he comes to define what he means by *virtú*, he largely reiterates his earlier arguments, coolly taking for granted the startling conclusions he had already reached.

The possession of *virtú* is accordingly represented as a willingness to do whatever may be necessary for the attainment of civic glory and greatness, whether the actions involved happen to be intrinsically good or evil in character. This is first of all treated as the most important attribute of political leadership. As in *The Prince*, the point is made by way of an allusion to, and a sarcastic repudiation of, the values of Ciceronian humanism. Cicero had asserted in *De Officiis* that, when Romulus decided 'it was more expedient for him to reign alone' and in consequence murdered his brother, he committed a crime that cannot possibly be condoned, since his defence of his action was 'neither reasonable nor adequate at all' (III.10.41). Machiavelli insists on the contrary that no 'prudent intellect' will ever 'censure anyone for any unlawful action used in organising a kingdom or setting up a republic'. Citing the case of Romulus' fratricide, he contends that 'though the deed accuses him, the result should excuse him; and when it is good, like that of Romulus, it will always excuse him, because he who is violent to destroy, not he who is violent to restore, ought to be censured' (218).

The same willingness to place the good of the community above all private interests and ordinary considerations of morality is held to be no less essential in the case of rank-and-file citizens. Again Machiavelli makes the point by way of parodying the values of classical humanism. Cicero had declared in *De Officiis* that 'there are some acts either so repulsive or so wicked that a wise man would not commit them even to save his country' (I.45.159). Machiavelli retorts that 'when it is absolutely a question of the safety of one's country', it becomes the duty of every citizen to recognize that 'there must be no consideration of just or unjust, of merciful or cruel, of praiseworthy or disgraceful;

instead, setting aside every scruple, one must follow to the utmost any plan that will save her life and keep her liberty' (519).

This, then, is the sign of *virtú* in rulers and citizens alike: each must be prepared 'to advance not his own interests but the general good, not his own posterity but the common fatherland' (218). This is why Machiavelli speaks of the Roman republic as a repository of 'so much *virtú*': patriotism was felt to be 'more powerful than any other consideration', as a result of which the populace became 'for four hundred years an enemy to the name of king, and a lover of the glory and the common good of its native city' (315, 450).

The contention that the key to preserving liberty lies in keeping up the quality of *virtú* in the citizen body as a whole obviously raises a further question, the most basic one of all: how can we hope to instil this quality widely enough, and maintain it for long enough, to ensure that civic glory is attained? Again Machiavelli concedes that an element of good Fortune is always involved. No city can hope to attain greatness unless it happens to be set on the right road by a great founding father, to whom 'as a daughter' it may be said to owe its birth (223). A city which has not 'chanced upon a prudent founder' will always tend to find itself 'in a somewhat unhappy position' (196). Conversely, a city which can look back to 'the *virtú* and the methods' of a great founder – as Rome looked back to Romulus – has 'chanced upon most excellent Fortune' (244).

The reason why a city needs this 'first Fortune' is that the act of establishing a republic or principality can never be brought about 'through the *virtú* of the masses', because their 'diverse opinions' will always prevent them from being 'suited to organise a government' (218, 240). It follows that 'to set up a republic it is necessary to be alone' (220). Moreover, once a city has 'declined by corruption', it will similarly require 'the *virtú* of one man who is then living', and not 'the *virtú* of the masses' to restore it to greatness (240). So Machiavelli concludes that 'this we must take as a general rule: seldom or never is any republic or kingdom organised well from the beginning, or totally made over' at a later date, 'except when organised by one man' (218).

He then declares, however, that if any city is so imprudent as to rely on this initial good Fortune, it will not only cheat itself of greatness but will very soon collapse. For while 'one alone is suited for organising' a government, no government can hope to last 'if resting on the shoulders of only one' (218). The inescapable weakness of any polity that puts its trust in 'the *virtú* of one man alone' is that 'the *virtú* departs with the life of the man, and seldom is it restored in the course of heredity' (226). What is needed, therefore, for the salvation of a kingdom or a republic is not so much 'to have a prince who will rule prudently while he lives', but rather 'to have one who will so organise it' that its subsequent fortunes come to rest instead upon 'the *virtú* of the masses' (226, 240). The deepest secret of statecraft is to know how this can be done.

The problem, Machiavelli stresses, is one of exceptional difficulty. For while we can expect to find a surpassing degree of *virtú* among the founding fathers of cities, we cannot expect to find the same quality occurring naturally among ordinary citizens. On the contrary, most men 'are more prone to evil than to good', and in consequence tend to ignore the interests of their community in order to act 'according to the wickedness of their spirits whenever they have free scope' (201, 215). There is thus a tendency for all cities to fall away from the pristine *virtú* of their founders and 'descend towards a worse condition' – a process Machiavelli summarizes by saying that even the finest communities are liable to become corrupt (322).

The image underlying this analysis is an Aristotelian one: the idea of the polity as a natural body which, like all sublunary creatures, is subject to being 'injured by time' (45). Machiavelli lays particular emphasis on the metaphor of the body politic at the beginning of his third Discourse. He thinks it 'clearer than light that if these bodies are not renewed they do not last', for in time their *virtú* is certain to become corrupt, and such corruption is certain to kill them if their injuries are not healed (419).

The onset of corruption is thus equated with the loss or dissipation of *virtú*, a process of degeneration which develops, according to Machiavelli, in one of two ways. A body of citizens may lose its *virtú* – and hence its concern for the common good – by losing interest in politics altogether, becoming 'lazy and unfit for all *virtuoso* activity' (194). But the more insidious danger arises when the citizens remain active in affairs of state, but begin to promote their individual ambitions or factional loyalties at the expense of the public interest. Thus Machiavelli defines a corrupt political proposal as one 'put forward by men interested in what they can get from the public, rather than in its good' (386). He defines a corrupt constitution as one in which 'only the powerful' are able to propose measures, and do so 'not for the common liberty but for their own power' (242). And he defines a corrupt city as one in which the magistracies are no longer filled by 'those with the greatest *virtú*', but rather by those with the most power, and hence with the best prospects of serving their own selfish ends (241).

This analysis leads Machiavelli into a dilemma. On the one hand he continually stresses that 'the nature of men is ambitious and suspicious' to such a degree that most people will 'never do anything good except by necessity' (201, 257). But on the other hand he insists that, once men are allowed to 'climb from one ambition to another', this will rapidly cause their city to 'go to pieces' and forfeit any chance of becoming great (290). The reason is that, while the preservation of liberty is a necessary condition of greatness, the growth of corruption is invariably fatal to liberty. As soon as self-seeking individuals or sectarian interests begin to gain support, the people's desire to

4. Portrait of Machiavelli by Santi di Tito in the Palazzo Vecchio, Florence.

legislate 'on freedom's behalf' becomes correspondingly eroded, factions start to take over and 'tyranny quickly appears' in place of liberty (282). It follows that whenever corruption fully enters a body of citizens, they 'cannot live free even for a short time, in fact not at all' (235; cf. 240).

Machiavelli's dilemma is accordingly this: how can the body of the people – in whom the quality of *virtú* is not naturally to be found – have this quality successfully implanted in them? How can they be prevented from sliding into corruption, how can they be coerced into keeping up an interest in the common good over a sufficiently long period for civic greatness to be attained? It is with the solution to this problem that the rest of the *Discourses* is concerned.

The Laws and Leadership

Machiavelli believes that the dilemma he has uncovered can to some extent be circumvented rather than having to be directly overcome. For he allows that, while we can hardly expect the generality of citizens to display much natural *virtú*, it is not too much to hope that a city may from time to time have the good Fortune to find a leader whose actions, like those of a great founding father, exhibit an unforced quality of *virtú* in a high degree (420).

Such truly noble citizens are said to play an indispensable role in keeping their cities on the pathway to glory. Machiavelli argues that if such individual examples of *virtú* 'had appeared at least every ten years' in the history of Rome, 'their necessary result would have been' that the city 'would never have become corrupt' (421). He even declares that 'if a community were fortunate enough' to find a leader of this character in every generation, who 'would renovate its laws and would not merely stop it running to ruin but would pull it backwards', then the outcome would be the miracle of an 'everlasting' republic, a body politic with the ability to escape death (481).

How do such infusions of personal *virtú* contribute to a city's attainment of its highest ends? Machiavelli's attempt to answer this question occupies him throughout his third Discourse, the aim of which is to illustrate 'how the deeds of individuals increased Roman greatness, and how in that city they caused many good effects' (423).

It is evident that in pursuing this topic Machiavelli is still very close to the spirit of *The Prince*. So it is not surprising to find him inserting into this final section of the *Discourses* a considerable number of references back to his earlier work – nearly a dozen allusions in less than a hundred pages. As in *The Prince*, moreover, he lays it down that there are two distinct ways in which it is possible for a statesman or a general of surpassing *virtú* to achieve great things. The first is by way of his impact on other and lesser citizens. Machiavelli begins by suggesting that this can sometimes produce a directly inspiring effect, since 'these men are of such reputation and their example is so powerful that good men wish to imitate them, and the wicked are ashamed to live a life contrary to theirs' (421). But his basic contention is that the *virtú* of an outstanding leader will always take the form, in part, of a capacity to imprint the same vital quality on his followers, even though they may not be naturally endowed with it. Discussing how this form of influence operates, Machiavelli's main suggestion – as in *The Prince* and later in Book IV of *The Art of War* – is that the most efficacious means of coercing people into behaving in a *virtuoso* fashion is by making them terrified of behaving otherwise. He praises Hannibal for recognizing the need to instil dread in his troops 'by his personal traits' in order to keep them 'united and quiet' (479). And he reserves his highest admiration for Manlius Torquatus, whose 'strong spirit' and proverbial severity made him 'command strong things' and enabled him to force his fellow citizens back into the condition of pristine *virtú* which they had begun to forsake (480–1).

The other way in which outstanding individuals contribute to civic glory is more immediate. Machiavelli believes that their high *virtú* serves in itself to stave off corruption and collapse. One of his chief concerns in his third Discourse is accordingly to indicate what particular aspects of *virtuoso* leadership tend most readily to bring about this beneficial result. He begins to supply his answer in chapter 23, in which he surveys the career of Camillus, 'the most prudent of all the Roman generals' (462). The qualities that made Camillus seem especially remarkable, and enabled him to achieve so many 'splendid things' were 'his care, his prudence, his great courage' and above all 'his excellent method of administering and commanding armies' (484, 498). Later Machiavelli devotes a sequence of chapters to furnishing a fuller treatment of the same theme. He first argues that great civic leaders have to know how to disarm the envious, 'for envy many times prevents men' from gaining 'the authority necessary in things of importance' (495–6). They also need to be men of high personal courage, especially if called upon to serve in a military capacity, in which case they must be prepared – as Livy puts it – 'to show activity in the thickest part of the battle' (515). They must also possess deep political prudence, founded on an appreciation of ancient history as well as modern affairs (521–2). And finally they must be men of the greatest circumspection and wariness, incapable of being deceived by the strategies of their enemies (526).

Throughout this discussion it is clear that the fortunes of Machiavelli's native city are never far from his thoughts. Whenever he cites an indispensable aspect of *virtuoso* leadership, he pauses to indicate that the decline of the Florentine republic and its ignominious collapse in 1512 were due in large part to a failure to pay sufficient attention to this crucial quality. A leader of *virtú* needs to know how to deal with the envious: but neither Savonarola nor Soderini was 'able to overcome envy' and in consequence 'both of them fell' (497). A leader of *virtú* must be prepared to study the lessons of history: but the Florentines, who could easily have 'read or learnt the ancient habits of the barbarians', made no attempt to do so and were easily tricked and despoiled (522). A leader of *virtú* should be a man of circumspection and prudence: but the rulers of Florence showed themselves so naïve in the face of treachery that – as in the war against Pisa – they brought the republic into complete disgrace (527). With this bitter indictment of the regime he had served, Machiavelli brings his third Discourse to an end.

If we revert to the dilemma Machiavelli began by posing, it becomes evident that the argument of his third Discourse leaves it largely unresolved. Although he has explained how it is possible for ordinary citizens to be coerced into *virtú* by the example of great leadership, he has also admitted that the appearance of great leaders is always a matter of pure good Fortune, and is thus an unreliable means of enabling a city to rise to glory and fame. So the fundamental question still remains: how can the generality of men – who will always be prone to let themselves be corrupted by ambition or laziness – have the quality of *virtú* implanted and maintained in them for long enough to ensure that civic glory is achieved?

It is at this juncture that Machiavelli begins to move decisively beyond the confines of his political vision in *The Prince*. The key to solving the problem, he maintains, is to ensure that the citizens are 'well ordered' – that they are organized in such a way as to compel them to acquire *virtú* and uphold their liberties. This solution is immediately proposed in the opening chapter of the first Discourse. If we wish to understand how it came about that 'so much *virtú* was kept up' in Rome 'for so many centuries', what we need to investigate is 'how she was organised' (192). The next chapter reiterates the same point. To see how the city of Rome succeeded in reaching 'the straight road' that led her 'to a perfect and true end', we need above all to study her *ordini* – her institutions, her constitutional arrangements, her methods of ordering and organizing her citizens (196).

The most obvious question this requires us to address, according to Machiavelli, is what institutions a city needs to develop in order to avoid the growth of corruption in its 'inside' affairs – by which he means its political and constitutional arrangements (195, 295). He accordingly devotes the greater part of his first Discourse to considering this theme, taking his main illustrations from the early history of Rome, and continually emphasizing 'how well the institutions of that city were adapted to making it great' (271).

He singles out two essential methods of organizing home affairs in such a way as to instil the quality of *virtú* in the whole body of the citizens. He begins by arguing – in chapters 11 to 15 – that among the most important institutions of any city are those concerned with upholding religious worship and ensuring that it is 'well used' (234). He even declares that 'the observance of religious teaching' is of such paramount importance that it serves in itself to bring about 'the greatness of republics' (225). Conversely, he thinks that 'one can have no better indication' of a country's corruption and ruin than 'to see divine worship little valued' (226).

The Romans understood perfectly how to make use of religion in order to promote the well-being of their republic. King Numa, Romulus' immediate successor, in particular, recognized that the establishment of a civic cult was 'altogether necessary if he wished to maintain a civilised community' (224). By contrast, the rulers of modern Italy have disastrously failed to grasp the relevance of this point. Although the city of Rome is still the nominal centre of Christianity, the ironic truth is that 'through the bad example' of the Roman Church, 'this land has lost all piety and all religion' (228). The outcome of this scandal is that the Italians, through being the least religious people in Europe, have become the most corrupt. As a direct consequence, they have lost their liberties, forgotten how to defend themselves, and allowed their country to become 'the prey not merely of powerful barbarians but of whoever assails her' (229).

The secret known to the ancient Romans – and forgotten in the modern world – is that the institutions of religion can be made to play a role analogous to that of outstanding individuals in helping to promote civic greatness. Religion can be used, that is, to inspire – and if necessary to terrorize – the ordinary populace in such a way as to induce them to prefer the good of their community to all other goods. Machiavelli's principal account of how the Romans encouraged such patriotism is presented in his discussion of auspices. Before they went into battle, Roman generals always took care to announce that the omens were favourable. This prompted their troops to fight in the confident belief that they were sure of victory, a confidence which in turn made them act with so much *virtú* that they almost always won the day (233). Characteristically, however, Machiavelli is more impressed by the way the Romans used their religion to arouse terror in the body of the people, thereby inciting them to behave with a degree of *virtú* they would never otherwise have attained. He offers the most dramatic instance in chapter 11. 'After Hannibal defeated the Romans at Cannae, many citizens met together who, despairing of their native land, agreed to abandon Italy.' When Scipio heard of this, he met them 'with his naked sword in his hand' and forced them to swear a solemn oath binding them to stand their ground. The effect of this was to coerce them into *virtú*: although their 'love of their country and its laws' had not persuaded them to remain in Italy, they were successfully kept there by the fear of blasphemously violating their word (224).

The idea that a God-fearing community will naturally reap the reward of civic glory was a familiar one to Machiavelli's contemporaries. As he himself observes, this had been the promise underlying Savonarola's campaign in Florence during the 1490s, in the course of which he had persuaded the Florentines 'that he spoke with God' and that God's message to the city was that He would restore it to its former greatness as soon as it returned to its original piety (226). However, Machiavelli's own views about the value of religion involve him in departing from this orthodox treatment of the topic in two fundamental respects. He first of all differs from the Savonarolans in his reasons for wishing to uphold the religious basis of political life. He is not in the least interested in the question of religious truth. He is solely interested in the role played by religious sentiment 'in inspiring the people, in keeping men good, in making the wicked ashamed', and he judges the value of different religions entirely by their capacity to promote these useful effects (224). So he not only concludes that the leaders of any community have a duty to 'accept and magnify' anything that 'comes up in favour of religion'; he insists that they must always do so 'even though they think it false' (227).

Machiavelli's other departure from orthodoxy is connected with this pragmatic approach. He declares that, judged by these standards, the ancient religion of the Romans is much to be preferred to the Christian faith. There is no reason why Christianity should not have been interpreted 'according to *virtú*' and employed for 'the betterment and the defence' of Christian communities. But in fact it has been interpreted in such a way as to undermine the qualities needed for a free and vigorous civic life. It has 'glorified humble and contemplative men'; it has 'set up as the greatest good humility, abjectness, and contempt for human things'; it has placed no value 'in grandeur of mind, in strength of body', or in any of the other attributes of *virtuoso* citizenship. By imposing this other-worldly image of human excellence, it has not merely failed to promote civic glory; it has actually helped to bring about the decline and fall of great nations by corrupting their communal life. As Machiavelli concludes – with an irony worthy of Gibbon – the price we have paid for the fact that Christianity 'shows us the truth and the true way' is that it 'has made the world weak and turned it over as prey to wicked men' (331).

The rest of the first Discourse is largely devoted to arguing that there is a second and even more effective means of inducing people to acquire *virtú*: by using the coercive powers of the law in such a way as to force them to place the good of their community above all selfish interests.

The point is first made in broad terms in the opening chapters of the book. All the finest examples of civic *virtú* are said to 'have their origin in good education', which in turn has its origin 'in good laws' (203). If we ask how some cities manage to keep up their *virtú* over exceptionally long periods, the basic answer in every case is that 'the laws make them good' (201). The pivotal place of this contention in Machiavelli's general argument is later made explicit at the beginning of the third Discourse: if a city is to 'take on new life' and advance along the pathway to glory, this can only be achieved 'either by the *virtú* of a man or by the *virtú* of a law' (419–20).

Given this belief, we can see why Machiavelli attaches so much importance to the founding fathers of cities. They are in a unique position to act as lawgivers, and thus to supply their communities from the outset with the best means of ensuring that *virtú* is promoted and corruption overcome. The most impressive instance is said to be that of Lycurgus, the original founder of Sparta. He devised a code of laws so perfect that the city was able to 'live safely under them' for 'more than eight hundred years without debasing them' and without at any point forfeiting its liberty (196, 199). Scarcely less remarkable was the achievement of Romulus and Numa, the first kings of Rome. By means of the many good laws they enacted, the city had the quality of *virtú* 'forced upon her' with such decisiveness that even 'the greatness of her empire could not for many centuries corrupt her', and she remained 'full of a *virtú* as great as that by which any city or republic was ever distinguished' (195, 200).

This brings us, according to Machiavelli, to one of the most instructive lessons we can hope to learn from the study of history. The greatest lawgivers, he has shown, are those who have understood most clearly how to use the law in order to advance the cause of civic greatness. It follows that, if we investigate the details of their constitutional codes, we may be able to uncover the secret of their success, thereby making the wisdom of the ancients directly available to the rulers of the modern world.

After conducting this investigation, Machiavelli concludes that the crucial insight common to all the wisest legislators of antiquity can be very simply expressed. They all perceived that the three 'pure' constitutional forms – monarchy, aristocracy, democracy – are inherently unstable, and tend to generate a cycle of corruption and decay; and they correctly inferred that the key to imposing *virtú* by the force of law must therefore lie in establishing a mixed constitution, one in which the instabilities of the pure forms are corrected while their strengths are combined. As always, Rome furnishes the clearest example: it was because she managed to evolve a 'mixed government' that she finally rose to become 'a perfect republic' (200).

It was of course a commonplace of Roman political theory to defend the special merits of mixed constitutions. The argument is central to Polybius' *History*, recurs in several of Cicero's treatises, and subsequently found favour with most of the leading humanists of fifteenth-century Florence. However, when we come to Machiavelli's reasons for believing that a mixed constitution is best suited for promoting *virtú* and upholding liberty, we encounter a dramatic divergence from the conventional humanist point of view.

His argument starts from the axiom that 'in every republic there are two opposed factions, that of the people and that of the rich' (203). He thinks it obvious that, if the constitution is so arranged that one or other of these groups is allowed complete control, the republic will be 'easily corrupted' (196). If someone from the party of the rich takes over as prince, there will be an immediate danger of tyranny; if the rich set up an aristocratic form of government, they will be prone to rule in their own interests; if there is a democracy, the same will be true of the common people. In every case the general good will become subordinated to factional loyalties, with the result that the *virtú* and in consequence the liberty of the republic will soon be lost (197–8, 203–4).

The solution, Machiavelli argues, is to frame the laws relating to the constitution in such a way as to engineer a tensely balanced equilibrium between these opposed social forces, one in which all the parties remain involved in the business of government, and each 'keeps watch over the other' in order to forestall both 'the rich men's arrogance' and 'the people's licence' (199). As the rival groups jealously scrutinize each other for any signs of a move to take over supreme power, the resolution of the pressures thus engendered will mean that only those 'laws and institutions' which are 'conducive to public liberty' will actually be passed. Although motivated entirely by their selfish interests, the factions will thus be guided, as if by an invisible hand, to promote the public interest in all their legislative acts: 'all the laws made in favour of liberty' will 'result from their discord' (203).

This praise of dissension horrified Machiavelli's contemporaries. Francesco Guicciardini spoke for them all when he replied in his *Considerations on the Discourses* that 'to praise disunity is like praising a sick man's disease because of the virtues of the remedy applied to it'.* Machiavelli's argument ran counter to the whole tradition of republican thought in Florence, a tradition in which the belief that all discord must be outlawed as factious, together with the belief that faction constitutes the deadliest threat to civic liberty, had been emphasized ever since the end of the thirteenth century, when Remigio de' Girolami, Brunetto Latini, Dino Compagni, and above all Dante had issued fierce denunciations of their fellow-citizens for endangering their liberties by refusing to live in peace. To insist, therefore, on the astounding judgement that – as Machiavelli

* Francesco Guicciardini, 'Considerations on the "Discourses" of Machiavelli' in *Select Writings*, trans. and ed. C. and M. Grayson (London, 1965), p. 68.

expresses it – the disorders of Rome 'deserve the highest praise' was to repudiate one of the most cherished assumptions of Florentine humanism.

Machiavelli is unrepentant, however, in his attack on this orthodox belief. He explicitly mentions 'the opinion of the many' who hold that the continual clashes between the plebs and nobles in Rome left the city 'so full of confusion' that only 'good Fortune and military *virtú*' prevented it from tearing itself to pieces. But he still insists that those who condemn Rome's disorders are failing to recognize that they served to prevent the triumph of sectarian interests, and are thus 'finding fault with what as a first cause kept Rome free' (202). So he concludes that, even if the dissensions were evil in themselves, they were nevertheless 'an evil necessary to the attainment of Roman greatness' (211).

The Prevention of Corruption

Machiavelli goes on to argue that although a mixed constitution is necessary, it is by no means sufficient, to ensure that liberty is preserved. The reason is that – as he warns yet again – most people remain more committed to their own ambitions than to the public interest, and 'never do anything good except by necessity' (201). The outcome is a perpetual tendency for over-mighty citizens and powerful interest groups to alter the balance of the constitution in favour of their own selfish and factional ends, thereby introducing the seeds of corruption into the body politic and endangering its liberty.

To meet this ineradicable threat, Machiavelli has one further constitutional proposal to advance: he maintains that the price of liberty is eternal vigilance. It is essential in the first place to learn the danger signals – to recognize the means by which an individual citizen or a political party may be able 'to get more power than is safe' (265).

Next, it is essential to develop a special set of laws and institutions for dealing with such emergencies. A republic, as Machiavelli puts it, 'ought to have among its *ordini* this: that the citizens are to be watched so that they cannot under cover of good do evil and so that they gain only such popularity as advances and does not harm liberty' (291). Finally, it is then essential for everyone 'to keep their eyes open', holding themselves in readiness not only to identify such corrupting tendencies, but also to employ the force of the law in order to stamp them out as soon as – or even before – they begin to become a menace (266).

Machiavelli couples this analysis with the suggestion that there is one further constitutional lesson of major significance to be learnt from the early history of Rome. Since Rome preserved its freedom for more than four hundred years, it seems that its citizens must have correctly identified the most serious threats to their liberties, and gone on to evolve the right *ordini* for dealing with them. It follows that, if we wish to understand such dangers and their remedies, it will be advantageous for us to turn once more to the history of the Roman republic, seeking to profit from her ancient wisdom and apply it to the modern world.

As the example of Rome shows, the initial danger that any mixed constitution needs to face will always stem from those who benefited from the previous regime. In Machiavelli's terms, this is the threat posed by 'the sons of Brutus', a problem he first mentions in chapter 16 and later underlines at the beginning of his third Discourse. Junius Brutus freed Rome from the tyranny of Tarquinius Superbus, the last of her kings; but Brutus' own sons were among those who had 'profited from the tyrannical government' (235). The establishment of 'the people's liberty' thus seemed to them no better than slavery. As a result, they 'were led to conspire against their native city by no other reason than that they could not profit unlawfully under the consuls as they had under the kings' (236).

Against this type of risk 'there is no more powerful remedy, none more effective nor more certain nor more necessary, than to kill the sons of Brutus' (236). Machiavelli admits that it may appear cruel – and he adds in his iciest tones that it is certainly 'an instance striking among recorded events' – that Brutus should have been willing to 'sit on the judgement seat and not merely condemn his sons to death but be present at their deaths' (424). But he insists that such severity is in fact indispensable. 'For he who seizes a tyranny and does not kill Brutus, and he who sets a state free and does not kill Brutus' sons, maintains himself but a little while' (425).

A further threat to political stability arises from the notorious propensity of self-governing republics to slander and exhibit ingratitude towards their leading citizens. Machiavelli first alludes to this deficiency in chapter 29, where he argues that one of the gravest errors any city is liable to commit 'in keeping herself free' is that of doing 'injury to citizens whom she should reward'. This is a particularly dangerous disease to leave untreated, since those who suffer such injustices are generally in a strong position to strike back, thereby bringing their city 'all the quicker to tyranny – as happened to Rome with Caesar, who by force took for himself what ingratitude denied him' (259).

The only possible remedy is to institute special *ordini* designed to discourage the envious and the ungrateful from undermining the reputations of prominent people. The best method of doing this is 'to give enough openings for bringing charges'. Any citizen who feels he has been slandered must be able, 'without any fear or without any hesitation', to demand that his accuser should appear in court to provide a proper substantiation of his claims. If it then emerges, once a formal accusation 'has been made and well investigated', that the charges cannot be upheld, the law must provide for the slanderer to be severely punished (215–16).

Finally, Machiavelli discusses what he takes to be the most serious danger to the balance of a mixed constitution, the danger that an ambitious citizen may attempt to form a party based on loyalty to himself instead of to the common good. He begins to analyse this source of instability in chapter 34, after which he devotes most of the remainder of the first Discourse to considering how such corruption tends to arise, and what type of *ordini* are needed to ensure that this gateway to tyranny is kept closed.

One way of encouraging the growth of faction is by allowing the prolongation of military commands. Machiavelli even implies that it was 'the power citizens gained' in this way, more than anything else, that eventually 'made Rome a slave' (267). The reason why it is always 'to the detriment of liberty' when such 'free authority is given for a long time' is that absolute authority always corrupts the people by turning them into its 'friends and partisans' (270, 280). This is what happened in Rome's armies under the late republic. 'When a citizen was for a long time commander of an army, he gained its support and made it his partisan', so that the army 'in time forgot the Senate and considered him its head' (486). Then it only needed Sulla, Marius, and later Caesar to seek out 'soldiers who, in opposition to the public good, would follow them' for the balance of the constitution to be tilted so violently that tyranny quickly supervened (282, 486).

The proper response to this menace is not to take fright at the very idea of dictatorial authority, since this may sometimes be vitally needed in cases of national emergency (268–9). Rather the answer should be to ensure, by means of the right *ordini*, that such powers are not abused. This can be achieved in two main ways: by requiring that all absolute commands be 'set up for a limited term but not for life'; and by ensuring that their exercise is restricted in such a way that they are only able 'to dispose of that affair that caused them to be set up'. As long as these *ordini* are observed, there is no danger that absolute power will corrupt absolutely and 'weaken the government' (268).

The other principal source of faction is the malign influence exercised by those with extensive personal wealth. The rich are always in a position to do favours to other citizens, such as 'lending them money, marrying off their daughters, protecting them from the magistrates' and in general conferring benefits of various kinds. Patronage of this nature is extremely sinister, since it tends to 'make men partisans of their benefactors' at the cost of the public interest. This in turn serves to 'give the man they follow courage to think he can corrupt the public and violate the laws' (493). Hence Machiavelli's insistence that 'corruption and slight aptitude for free life spring from inequality in a city'; hence too his frequently reiterated warning that 'the ambition of the rich, if by various means and in various ways a city does not crush it, is what quickly brings her to ruin' (240, 274).

The only way out of this predicament is for 'well-ordered republics' to 'keep their treasuries rich and their citizens poor' (272). Machiavelli is somewhat vague about the type of *ordini* needed to bring this about, but he is eloquent about the benefits to be expected from such a policy. If the law is used to 'keep the citizens poor', this will effectively prevent them – even when they are 'without goodness and wisdom' – from being able to 'corrupt themselves or others with riches' (469). If at the same time the city's coffers remain full, the government will be able to outbid the rich in any 'scheme of befriending the people', since it will always be possible to offer greater rewards for public than for private services (300). Machiavelli accordingly concludes that 'the most useful thing a free community can bring about is to keep its members poor' (486). He ends his discussion on a grandly rhetorical note by adding that he could 'show with a long speech that poverty produces much better fruits than riches', if 'the writings of other men had not many times made the subject splendid' (488).

By the time we reach this point in Machiavelli's analysis, we can readily see that – as in his third Discourse – there is a continuing preoccupation with the fortunes of his native city lying beneath the surface of his general argument. He first of all reminds us that, if a city is to preserve its liberty, it is essential that its constitution should embody some provision against the prevalent vice of slandering and mistrusting prominent citizens. He then points out that this 'has always been badly arranged in our city of Florence'. Anyone who 'reads the history of this city will see how many slanders have at all times been uttered against citizens who have been employed in its important affairs'. The outcome has been 'countless troubles', all of which have helped to undermine the city's liberties, and all of which could easily have been avoided if only 'an arrangement for bringing charges against citizens and punishing slanderers' had at some time been worked out (216).

Florence took a further step towards slavery when she failed to prevent Cosimo de' Medici from building up a party devoted to the advancement of his family's selfish interests. Machiavelli has shown what strategy a city needs to adopt if a leading citizen tries to corrupt the people with his wealth: it needs to outbid him by making it more profitable to serve the common good. As it was, Cosimo's rivals instead chose to drive him from Florence, thereby provoking so much resentment among his followers that they eventually 'called him back and made him prince of the republic – a rank to which without that open opposition he never could have risen' (266, 300).

Florence's one remaining chance to secure her liberties came in 1494, when the Medici were again forced into exile and the republic was fully restored. At this point, however, the city's new leaders, under the direction of Piero Soderini, made the most fatal mistake of all by failing to adopt a policy which, Machiavelli has argued, is absolutely indispensable whenever such a change of regime takes place. Anyone who has 'read ancient history' knows that once a move has been made 'from tyranny into republic', it is essential for 'the sons of Brutus' to be killed (424–5). But Soderini 'believed that with patience and goodness he could overcome the longing of Brutus' sons to get back under another government', since he believed that 'he could extinguish evil factions' without bloodshed and 'dispose of some men's hostility' with rewards (425). The outcome of this shocking naïvety was that the sons of Brutus – that is, the partisans of the Medici – survived to destroy him and restore the Medicean tyranny after the débâcle of 1512.

Soderini failed to put into practice the central precept of Machiavellian statecraft. He scrupled to do evil that good might come of it, and in consequence refused to crush his adversaries because he recognized that he would need to seize illegal powers in order to do it. What he failed to recognize was the folly of yielding to such scruples when the city's liberties were genuinely at stake. He should have seen that 'his works and his intentions would be judged by their outcome', and realized that 'if Fortune and life were with him he could convince everybody that what he did was for the preservation of his native city and not for his own ambition' (425). As it was, the consequences of his 'not having the wisdom to be Brutus-like' were as disastrous as possible. He not only lost 'his position and his reputation'; he also lost his city and its liberties, and delivered his fellow-citizens over to 'become slaves' (425, 461). As in his third Discourse. Machiavelli's argument thus culminates in a violent denunciation of the leader and the government he himself had served.

The Quest for Empire

At the beginning of his second Discourse, Machiavelli reveals that his discussion of *ordini* is still only half-completed. He has so far claimed that, if a city is to achieve greatness, it needs to develop the right laws and institutions for ensuring that its citizens behave with the highest *virtú* in the conduct of their 'inside' affairs. He now indicates that it is no less essential to establish a further set of *ordini* designed to encourage the citizens to behave with a like *virtú* in their 'outside' affairs – by which he means their military and diplomatic relations with other kingdoms and republics (339). The exposition of this further argument occupies him throughout the central section of his book.

The need for these additional laws and institutions arises from the fact that all republics and principalities exist in a state of hostile competition with each other. Men are never 'content to live on their own resources'; they are always 'inclined to try to govern others' (194). This makes it 'impossible for a republic to succeed in standing still and enjoying its liberties' (379). Any city attempting to follow such an eirenic course will quickly fall victim to the incessant flux of political life, in which everyone's fortunes always 'rise up or sink down' without ever being able to 'remain fixed' (210). The only solution is to treat attack as the best form of defence, adopting a policy of expansion in order to ensure that one's native city 'can both defend herself from those who assail her and crush whoever opposes himself to her greatness' (194). The pursuit of dominion abroad is thus held to be a precondition of liberty at home.

As before, Machiavelli turns for the corroboration of these general claims to the early history of Rome. He declares in his opening chapter that 'there has never been another republic' with so many of the right *ordini* for expansion and conquest (324). Rome owed these arrangements to Romulus, her first lawgiver, who acted with so much foresight that the city was able from the outset to develop an 'unusual and immense *virtú*' in the conduct of her military affairs (332). This in turn enabled her – together with her exceptional good Fortune – to rise by a series of brilliant victories to her final position of 'supreme greatness' and 'tremendous power' (337, 341).

As Romulus correctly perceived, two fundamental procedures need to be adopted if a city is to regulate its 'outside' affairs in a satisfactory way. In the first place, it is essential to keep the largest possible number of citizens available for purposes of expansion as well as defence. To bring this about, two related policies have to be pursued. The first – examined in chapter 3 – is to encourage immigration: it is obviously beneficial to your city, and especially to its manpower, to preserve 'the ways open and safe for foreigners who wish to come to live in it' (334). The second strategy – discussed in chapter 4 – is 'to get associates for yourself': you need to surround yourself with allies, keeping them in a subordinate position but protecting them with your laws in return for being able to call upon their military services (336–7).

The other crucial procedure is connected with this preference for assembling the largest possible forces. To make the best use of them, and hence to serve the interests of your city most effectively, it is essential to make your wars 'short and big'. This is what the Romans always did, for 'as soon as war was declared', they invariably 'led their armies against the enemy and at once fought a battle'. No policy, Machiavelli crisply concludes, could be 'safer or stronger or more profitable', for it enables you to come to terms with your opponents from a position of strength as well as with the minimum cost (342).

Having outlined these military *ordini*, Machiavelli proceeds to consider a series of more specific lessons about the conduct of warfare which he believes can be learnt from a study of Rome's achievement. This topic, introduced in chapter 10, occupies him for the rest of the second Discourse, as well as being taken up – in a more polished but essentially similar style – in the central sections of his later treatise on *The Art of War*.

It is perhaps an index of Machiavelli's growing pessimism about the prospects of reviving ancient military *virtú* in the modern world that all his conclusions in these chapters are presented in a negative form. Rather than considering what approaches serve to encourage *virtú* and promote greatness, he concentrates entirely on those tactics and strategies which embody mistakes and in consequence bring 'death and ruin' instead of victory (377–8). The result is a long list of admonitions and caveats. It is imprudent to accept the common maxim that 'riches are the sinews of war' (348–9). It is injurious to make either 'hesitating decisions' or 'slow and late ones' (361). It is entirely false to suppose that the conduct of warfare 'will be turned over, in course of time, to the artillery' (367, 371). It is valueless to employ auxiliary or mercenary soldiers – an argument which, as Machiavelli reminds us, he has already presented 'at length in another work' (381). It is useless in time of war, and in peacetime it is actively harmful, to rely on fortresses as a principal system of defence (394). It is dangerous to make it impossible for a citizen to be 'avenged to his satisfaction' if he feels insulted or injured (405). And it is the worst mistake of all 'to refuse every agreement' when attacked by superior forces, and try instead to defeat them against the odds (403).

The reason Machiavelli gives for condemning these practices is the same in every case. They all fail to recognize that, if civic glory is to be attained, the quality that needs most of all to be instilled in one's own armies – and reckoned with in the armies of one's enemies – is that of *virtú*, the willingness to set aside all considerations of personal safety and interest in order to defend the liberties of one's native land.

With some of the policies he lists, Machiavelli argues that the danger involved is that of raising up exceptional *virtú* against those who practise them. This, for example, is why it is a mistake to rely on fortresses. The security they afford you makes you 'quicker and less hesitant about oppressing your subjects', but this in turn 'stirs them up in such a way that your fortress, which is the cause of it, cannot then defend you' against their hatred and rage (393). The same applies to the refusal to avenge injuries. If a citizen feels himself gravely insulted, he may derive such *virtú* from his sense of outrage that he inflicts a desperate injury by way of return, as happened in the case of Pausanias, who assassinated Philip of Macedon for denying him vengeance after he had been dishonoured (405–6).

The danger in other cases is that your fortunes may fall into the hands of people lacking in any *virtuoso* concern for the public interest. This is what happens if you allow political decisions to be made in a slow or hesitating way. For it is generally safe to assume that those who wish to prevent a conclusion from being reached are 'moved by selfish passion' and are really trying 'to bring down the government' (361). The same is true of using auxiliary or mercenary troops. Since such forces are always completely corrupt, they 'usually plunder the one who has hired them as much as the one against whom they have been hired' (382).

Most dangerous of all is the failure to appreciate that the quality of *virtú* matters more than anything else in military just as in civil affairs. This is why it is so ruinous to measure your enemies by their wealth, for what you ought to be measuring is obviously their *virtú*, since 'war is made with steel and not with gold' (350). So too with relying on artillery to win your battles. Machiavelli concedes, of course, that the Romans 'would have made their gains more quickly if there had been guns in those times' (370). But he persists in thinking it a cardinal error to suppose that, 'as a result of these fire-weapons, men cannot use and show their *virtú* as they could in antiquity' (367). He therefore continues to draw the somewhat optimistic conclusion that, although 'artillery is useful in an army where the *virtú* of the ancients is combined with it', it still remains 'quite useless against a *virtuoso* army' (372). Finally, the same considerations explain why it is especially dangerous to refuse negotiations in the face of superior forces. This is to ask more than can realistically be demanded even of the most *virtuosi* troops, and is thus 'to turn the outcome over' to 'the pleasure of Fortune' in a way that 'no prudent man risks unless he must' (403).

As in both his other Discourses, Machiavelli's survey of Roman history prompts him to end with an agonized comparison between the total corruption of his native city and the exemplary *virtú* of the ancient world. The Florentines could easily 'have seen the means the Romans used' in their military affairs, 'and could have followed their example' (380). But in fact they have taken no account of Roman methods, and in consequence have fallen into every conceivable trap (339). The Romans understood perfectly the dangers of acting indecisively. But Florence's leaders have never grasped this obvious lesson of history, as a result of which they have brought 'damage and disgrace to our republic' (361). The Romans always recognized the uselessness of mercenary and auxiliary troops. But the Florentines, together with many other republics and principalities, are still needlessly humiliated by their reliance on these corrupt and cowardly forces (383). The Romans saw that, in keeping watch over their associates, a policy of 'building fortresses as a bridle to keep them faithful' would only breed resentment and insecurity. By contrast, 'it is a saying in Florence, brought forward by our wise men, that Pisa and other like cities must be held with fortresses' (392). Finally – with the greatest anguish – Machiavelli comes to the gambit he has already stigmatized as the most irrational of all, that of refusing to negotiate when confronted by superior forces. All the evidence of ancient history shows that this is to tempt Fortune in the most reckless way. Yet this is exactly what the Florentines did when Ferdinand's armies invaded in the summer of 1512. As soon as the Spanish crossed the border, they found themselves short of food and tried to arrange a truce. But 'the people of Florence, made haughty by this, did not accept it' (403). The immediate result was the sack of Prato, the surrender of Florence, the collapse of the republic, and the restoration of the Medicean tyranny – all of which could easily have been avoided. As before, Machiavelli feels driven to conclude on a note of almost despairing anger at the follies of the regime he himself had served.

Chapter 4
The Historian of Florence

The Purpose of History

Shortly after the completion of the *Discourses*, a sudden turn of Fortune's wheel at last brought Machiavelli the patronage he had always craved from the Medicean government. Lorenzo de' Medici – to whom he had rededicated *The Prince* after the death of Giuliano in 1516 – died prematurely three years later. He was succeeded in the control of Florentine affairs by his cousin, Cardinal Giulio, soon to be elected pope as Clement VII. The cardinal happened to be related to one of Machiavelli's closest friends, Lorenzo Strozzi, to whom Machiavelli later dedicated his *Art of War*. As a result of this connection, Machiavelli managed to gain an introduction to the Medicean court in March 1520, and soon afterwards he received a hint that some employment – literary even if not diplomatic – might be found for him. Nor were his expectations disappointed, for in November of the same year he obtained a formal commission from the Medici to write the history of Florence.

The composition of *The History of Florence* occupied Machiavelli almost for the rest of his life. It is his longest and most leisured work, as well as being the one in which he follows the literary prescriptions of his favourite classical authorities with the greatest care. The two basic tenets of classical – and hence of humanist – historiography were that

5. Machiavelli's writing desk in his house in Sant' Andrea in Percussina, south of Florence, where he composed *The Prince* in 1513.

works of history should inculcate moral lessons, and that their materials should therefore be selected and organized in such a way as to highlight the proper lessons with maximum force. Sallust, for example, had offered an influential statement of both these principles. In *The War with Jugurtha* he had argued that the aim of the historian must be to reflect on the past in a 'useful' and 'serviceable' way (IV.1–3). And in *The War with Catiline* he had drawn the inference that the correct approach must therefore consist of 'selecting such portions' as seem 'worthy of record', and not trying to furnish a complete chronicle of events (IV.2).

Machiavelli is assiduous about meeting both these requirements, as he reveals in particular in his handling of the various transitions and climaxes of his narrative. Book II, for example, ends with an edifying account of how the duke of Athens came to rule Florence as a tyrant in

1342 and was driven from power in the course of the following year. Book III then switches almost directly to the next revealing episode – the revolt of the Ciompi in 1378 – after a bare sketch of the intervening half-century. Similarly, Book III concludes with a description of the reaction following the revolution of 1378, and Book IV opens after a gap of another forty years with a discussion of how the Medici managed to rise to power.

A further tenet of humanist historical writing was that, in order to convey the most salutary lessons in the most memorable fashion, the historian must cultivate a commanding rhetorical style. As Sallust had declared at the start of *The War with Catiline*, the special challenge of history lies in the fact that 'the style and diction must be equal to the deeds recorded' (III.2). Machiavelli again takes this ideal very seriously, so much so that in the summer of 1520 he decided to compose a stylistic 'model' for a history, the draft of which he circulated among his friends from the *Orti Oricellari* in order to solicit their comments on his approach. He chose as his theme the biography of Castruccio Castracani, the early fourteenth-century tyrant of Lucca. But the details of Castruccio's life – some of which Machiavelli simply invents – are of less interest to him than the business of selecting and arranging them in an elevated and instructive way. The opening description of Castruccio's birth as a foundling is fictitious, but it offers Machiavelli the chance to write a grand declamation on the power of Fortune in human affairs (533–4). The moment when the young Castruccio – who was educated by a priest – first begins 'to busy himself with weapons' similarly gives Machiavelli an opportunity to present a version of the classic debate about the rival attractions of letters and arms (535–6). The dying oration pronounced by the remorseful tyrant is again in the best traditions of ancient historiography (553–4). And the story is rounded off with numerous instances of Castruccio's epigrammatic wit, most of which are in fact stolen directly from Diogenes Laertius' *Lives of the Philosophers* and are simply inserted for rhetorical effect (555–9).

When Machiavelli sent this *Life of Castruccio* to his friends Alamanni and Buondelmonti, they accepted it very much in the spirit of a rehearsal for the large-scale historical work that Machiavelli was by then hoping to write. Replying in a letter of September 1520, Buondelmonti spoke of the *Life* as 'a model for your history' and added that for this reason he thought it best to comment on the manuscript 'mainly from the point of view of language and style'. He reserved his highest praise for its rhetorical flights, saying that he enjoyed the invented deathbed oration 'more than anything else'. And he told Machiavelli what he must have wanted most of all to hear as he prepared to venture into this new literary field: 'it seems to all of us that you ought now to set to work to write your History with all diligence' (C 394–5).

When Machiavelli duly settled down to compose his History a few months later, these stylistic devices were elaborately put to work. The book is conceived in his most aphoristic and antithetical manner, with all the major themes of his political theory reappearing in rhetorical dress. In Book II, for example, one of the *signori* is made to confront the duke of Athens with a passionate oration on 'the name of liberty, which no force crushes, no time wears away, and no gain counterbalances' (1124). In the next book one of the ordinary citizens declaims an equally lofty speech to the *signori* on the theme of *virtú* and corruption, and on the obligation of every citizen to serve the public interest at all times (1145–8). And in Book V Rinaldo degli Albizzi attempts to enlist the help of the duke of Milan against the growing power of the Medici with a further declamation on *virtú*, corruption, and the patriotic duty to offer one's allegiance to a city that 'loves all her people equally', and not to one that, 'neglecting all the others, bows down before a very few of them' (1242).

The most important precept the humanists learned from their classical authorities was that historians must focus their attention on the finest achievements of our ancestors, thereby encouraging us to emulate their noblest and most glorious deeds. Although the great Roman historians had tended to be pessimistic in outlook, and had frequently dilated on the growing corruption of the world, this had usually prompted them to insist all the more vehemently on the historian's obligation to recall us to better days. As Sallust explains in *The War with Jugurtha*, it is only by keeping alive 'the memory of great deeds' that we can hope to kindle 'in the breasts of noble men' the kind of ambition 'that cannot be quelled until they by their own *virtus* have equalled the fame and glory of their forefathers' (IV.6). Moreover, it was this feeling for the panegyric quality of the historian's task that the humanists of the Renaissance chiefly carried away from their study of Livy, Sallust, and their contemporaries. This can clearly be seen, for example, in the account of the purpose of history that appears in the Dedication to the *History of the Florentine People* which the chancellor Poggio Bracciolini completed in the 1450s. This affirms that 'the great usefulness of a really truthful history' lies in the fact that 'we are able to observe what can be achieved by the *virtus* of the most outstanding men'. We see how they come to be activated by a desire 'for glory, for their country's liberty, for the good of their children, the gods and all humane things'. And we find ourselves 'so greatly roused up' by their wonderful example that 'it is as if they spur us on' to rival their greatness.*

There is no doubt that Machiavelli was fully aware of this further aspect of humanist historiography, for he even refers admiringly to Poggio's work in the Preface to his own *History* (1031). But at this point – after following the humanist approach with such exactitude – he suddenly shatters the expectations he has built up. At the beginning of Book V, when he turns to examine the history of Florence over the preceding century, he announces that 'the things done by our princes, abroad and at home, cannot, like those of the ancients, be read of with

* Poggio Bracciolini, 'Historiae Florentini Populi' in *Opera Omnia*, ed. R. Fubini, 4 vols (Turin, 1964), II, 91–4.

wonder because of their *virtú* and greatness'. It is simply not possible to 'tell of the bravery of soldiers or the *virtú* of generals or the love of citizens for their country'. We can only tell of an increasingly corrupt world in which we see 'with what tricks and schemes the princes, the soldiers, the heads of the republics, in order to keep that reputation which they did not deserve, carried on their affairs'. Machiavelli thus engineers a complete reversal of prevailing assumptions about the purpose of history: instead of recounting a story that 'kindles free spirits to imitation', he hopes to 'kindle such spirits to avoid and get rid of present abuses' (1233).

The entire *History of Florence* is thus organized around the theme of decline and fall. Book I describes the collapse of the Roman Empire in the west and the coming of the barbarians to Italy. The end of Book I and the beginning of Book II relate how 'new cities and new dominions born among the Roman ruins showed such *virtú*' that 'they freed Italy and defended her from the barbarians' (1233). But after this brief period of modest success, Machiavelli presents the rest of his narrative – from the middle of Book II to the end of Book VIII, where he brings the story to a close in the 1490s – as a history of progressive corruption and collapse. The nadir is reached in 1494, when the ultimate humiliation occurred: Italy 'put herself back into slavery' under the barbarians she had originally succeeded in driving out (1233).

The Decline and Fall of Florence

The overriding theme of the *History of Florence* is corruption. Machiavelli describes how its malign influence seized hold of Florence, strangled its liberty, and finally brought it to tyranny and disgrace. As in the *Discourses* – which he follows closely – he sees two principal areas in which the spirit of corruption is prone to arise, and after drawing a distinction between them in the Preface he employs it to organize the whole of his account. First there is a perennial danger of corruption in the handling of 'external' policies, the main symptom of which will be a tendency for military affairs to be conducted with increasing indecision and cowardice. And secondly, there is a similar danger in relation to 'the things done at home', where the growth of corruption will mainly be reflected in the form of 'civil strife and internal hostilities' (1030–1).

Machiavelli takes up the first of these issues in Books V and VI, in which he chiefly deals with the history of Florence's external affairs. However, he does not undertake – as he had done in the *Discourses* – to provide a detailed analysis of the city's strategic miscalculations and mistakes. He contents himself with offering a series of mocking illustrations of Florentine military incompetence. This enables him to preserve the accepted format of humanist histories – in which there were always elaborate accounts of notable battles – while at the same time parodying their contents. The point of Machiavelli's military set pieces is that all the engagements he describes are wholly ridiculous, not martial or glorious at all. When, for example, he writes about the great battle of Zagonara, which was fought in 1424 at the start of the war against Milan, he first observes that this was regarded at the time as a massive defeat for Florence, and was 'reported everywhere in Italy'. He then adds that nobody died in the action except three Florentines who, 'falling from their horses, were drowned in the mud' (1193). Later he accords the same satirical treatment to the famous victory won by the Florentines at Anghiari in 1440. Throughout this long fight, he remarks, 'not more than one man died, and he perished not from wounds or any honourable blow, but by falling from his horse and being trampled on' (1280).

The rest of the *History* is devoted to the miserable tale of Florence's increasing corruption at home. When Machiavelli turns to this topic at the start of Book III, he first makes it clear that, in speaking of internal corruption, what he chiefly has in mind – as in the *Discourses* – is the tendency for civic laws and institutions to be 'planned not for the common profit' but rather for individual or sectarian advantage (1140).

He criticizes his great predecessors, Bruni and Poggio, for failing to pay due attention to this danger in their histories of Florence (1031). And he justifies his own intense preoccupation with the theme by insisting that the enmities which arise when a community loses its *virtú* in this way 'bring about all the evils that spring up in cities' – as the sad case of Florence amply demonstrates (1140).

Machiavelli begins by conceding that there will always be 'serious and natural enmities between the people and the nobles' in any city, because of 'the latter's wish to rule and the former's not to be enthralled' (1140). As in the *Discourses*, he is far from supposing that all such hostilities are to be avoided. He repeats his previous contention that 'some divisions harm republics and some divisions benefit them. Those do harm that are accompanied with factions and partisans; those bring benefit that are kept up without factions and partisans.' So the aim of a prudent legislator should not be to 'provide that there will be no enmities'; it should only be to ensure 'that there will be no factions' based on the enmities that inevitably arise (1336).

In Florence, however, the hostilities that have developed have always been 'those of factions' (1337). As a result, the city has been one of those unfortunate communities which have been condemned to oscillate between two equally ruinous poles, varying 'not between liberty and slavery' but rather 'between slavery and licence'. The common people have been 'the promoters of licence' while the nobility have been 'the promoters of slavery'. The helpless city has in consequence staggered 'from the tyrannical form to the licentious, and from that back to the other', both parties having such powerful enemies that neither has been able to impose stability for any length of time (1187).

To Machiavelli, the internal history of Florence since the thirteenth century thus appears as a series of hectic movements between these two extremes, in the course of which the city and its liberties have eventually been battered to pieces. Book II opens at the start of the fourteenth century with the nobles in power. This led directly to the tyranny of the duke of Athens in 1342, when the citizens 'saw the majesty of their government ruined, her customs destroyed, her statutes annulled' (1128). They accordingly turned against the tyrant and succeeded in setting up their own popular regime. But, as Machiavelli goes on to relate in Book III, this in turn degenerated into licence when the 'unrestrained mob' managed to seize control of the republic in 1378 (1161–3). Next the pendulum swung back to 'the aristocrats of popular origin', and by the middle of the fifteenth century they were seeking once again to curtail the liberties of the people, thereby encouraging a new form of tyrannical government (1188).

It is true that, when Machiavelli arrives at this final phase of his narrative in Books VII and VIII, he begins to present his argument in a more oblique and cautious style. His central topic is inescapably the rise of the Medici, and he clearly feels that some allowance must be made for the fact that the same family had made it possible for him to write his *History*. While he takes considerable pains to dissemble his hostility, however, it is easy to recover his feelings about the Medicean contribution to Florentine history if we piece together certain sections of the argument which he is careful to keep separate.

Book VII opens with a general discussion of the most insidious means by which a leading citizen can hope to corrupt the populace in such a way as to promote divisive factions and acquire absolute power for himself. The issue had already been extensively treated in the *Discourses*, and Machiavelli largely contents himself with reiterating his earlier arguments. The greatest danger is said to be that of permitting the rich to employ their wealth to gain 'partisans who follow them for personal profit' instead of following the public interest. He adds that there are two principal methods by which this can be done. One is 'by doing favours to various citizens, defending them from the magistrates, assisting them with money and aiding them in getting undeserved offices'. The other is 'by pleasing the masses with games and public gifts', putting on costly displays of a kind calculated to win a spurious popularity and lull the people into forfeiting their liberties (337).

If we turn with this analysis in mind to the last two books of the *History*, it is not difficult to detect the tone of aversion underlying Machiavelli's effusive descriptions of successive Medicean governments. He begins with Cosimo, on whom he lavishes a fine encomium in chapter 5 of Book VII, praising him in particular for surpassing 'every other in his time' not merely 'in influence and wealth but also in liberality'. It shortly becomes clear, however, that what Machiavelli has in mind is that by the time of his death 'there was no citizen of any standing in the city to whom Cosimo had not lent a large sum of money' (1342). The sinister implications of such studied munificence have already been pointed out. Next, Machiavelli moves on to the brief career of Cosimo's son, Piero de' Medici. At first he is described as 'good and honourable', but we soon learn that his sense of honour prompted him to lay on a series of chivalric tournaments and other festivities that were so elaborate and splendid that the city was kept busy for months in preparing and presenting them (1352). As before, we have already been warned about the harmful influence of such blatant appeals to the masses. Finally, when Machiavelli comes to the years of Lorenzo the Magnificent – and thus to the period of his own youth – he scarcely troubles to suppress the rising note of antipathy. By this stage, he declares, 'the Fortune and the liberality' of the Medici had so decisively done their corrupting work that 'the people had been made deaf' to the very idea of throwing off the Medicean tyranny, in consequence of which 'Liberty was not known in Florence' any more (1393).

The Final Misfortune

Despite Florence's relapse into tyranny, despite the return of the barbarians, Machiavelli felt able to comfort himself with the reflection that Italy had been spared the worst degradation of all. Although the barbarians had conquered, they had not succeeded in putting to the sword any of Italy's greatest cities. As he observes in *The Art of War*, Tortona may have been sacked 'but not Milan, Capua but not Naples, Brescia but not Venice' and – finally and most symbolically of all – 'Ravenna but not Rome' (624).

Machiavelli ought to have known better than to tempt Fortune with such overconfident sentiments. For in May 1527 the unthinkable happened. During the previous year, Francis I had treacherously entered a League to recover the possessions in Italy which he had been forced to cede after his crushing defeat at the hands of the imperial forces in 1525. Responding to this renewed challenge, Charles V ordered his armies back into Italy in the spring of 1527. But the troops were unpaid and badly disciplined, and instead of attacking any military targets they advanced directly on Rome. Entering the undefended city on 6 May, they put it to the sack in a four-day massacre that astounded and horrified the entire Christian world.

With the fall of Rome, Clement VII had to flee for his life. And with the loss of papal backing, the increasingly unpopular government of the Medici in Florence immediately collapsed. On 16 May the city council met to proclaim the restoration of the republic, and on the following morning the young Medicean princes rode out of the city and into exile.

For Machiavelli, with his staunchly republican sympathies, the restoration of free government in Florence ought to have been a moment of triumph. But in view of his connections with the Medici, who had been paying his salary for the past six years, he must have appeared to the younger generation of republicans as little more than an ageing and insignificant client of the discredited tyranny. Although he seems to have nurtured some hopes of regaining his old position in the second chancery, there was no question of any job being found for him in the new anti-Medicean government.

The irony of it all seems to have broken Machiavelli's spirit, and soon afterwards he contracted an illness from which he never recovered. The story that he summoned a priest to his deathbed to hear a final confession is one that most biographers have repeated, but it is undoubtedly a pious invention of a later date. Machiavelli had viewed the Church's ministrations with disdain throughout his life, and there is no evidence that he changed his mind at the moment of death. He died on 21 June, in the midst of his family and friends, and was buried in the church of Santa Croce on the following day.

With Machiavelli, more than with any other political theorist, the temptation to pursue him beyond the grave, to end by summarizing and sitting in judgement on his philosophy, is one that has generally proved irresistible. The process began immediately after his death, and it continues to this day. Some of Machiavelli's earliest critics, such as Francis Bacon, felt able to concede that 'we are much beholden to Machiavel and others, that write what men do, and not what they ought to do'. But the majority of Machiavelli's original readers were so shocked by his outlook that they simply denounced him as an invention of the devil, or even as Old Nick, the devil himself. By contrast, the bulk of Machiavelli's modern commentators have confronted even his most outrageous doctrines with an air of conscious worldliness. But some of them, especially Leo Strauss and his disciples, have unrepentantly continued to uphold the traditional view that (as Strauss expresses it) Machiavelli can only be characterized as 'a teacher of evil'.

The business of the historian, however, is surely to serve as a recording angel, not a hanging judge. All I have accordingly sought to do in the preceding pages is to recover the past and place it before the present, without trying to employ the local and defeasible standards of the present as a way of praising or blaming the past. As the inscription on Machiavelli's tomb proudly reminds us, 'no epitaph can match so great a name'.

Works by Machiavelli Quoted in the Text

The Art of War, in *Machiavelli: The Chief Works and Others*, trans. A. Gilbert, 3 vols (Durham, NC, 1965), 561–726.

Caprices [*Ghiribizzi*], in R. Ridolfi and P. Ghiglieri, 'I Ghiribizzi al Soderini', *La Bibliofilia*, 72 (1970), 71–4.

Correspondence [*Lettere*], ed. F. Gaeta (Milan, 1961).

Discourses on the first Decade of Titus Livius, in *Machiavelli*, trans. Gilbert, 175–529.

The History of Florence, in *Machiavelli*, trans. Gilbert, 1025–1435.

The Legations [*Legazioni e commissarie*], ed. S. Bertelli, 3 vols (Milan, 1964).

The Life of Castruccio Castracani of Lucca, in *Machiavelli*, trans. Gilbert, 533–59.

The Prince, ed. Q. Skinner and R. Price (Cambridge, 1988).

A Provision for Infantry, in *Machiavelli*, trans. Gilbert, 3.

Further Reading

Bibliography

Silvia Ruffo Fiore, *Niccolò Machiavelli: An Annotated Bibliography of Modern Criticism and Scholarship* (New York, 1990) covers the previous half-century of studies. For an analysis of my own approach see Roberta Talamo, 'Quentin Skinner interprete di Machiavelli', *Croce Via* 3 (1997), pp. 80–101.

Biography

The standard work remains Roberto Ridolfi, *The Life of Niccolò Machiavelli*, trans. Cecil Grayson (1963). Sebastian de Grazia, *Machiavelli in Hell* (Princeton, 1989) is an unusual intellectual biography. John M. Najemy, *Between Friends: Discourses of Power and Desire in the Machiavelli-Vettori Letters of 1513–1515* (Princeton, 1993) concentrates on the period in which *The Prince* was written. For the most up-to-date account see Maurizio Viroli, *Il sorriso de Niccolò: Storia di Machiavelli* (Rome, 1998).

The Political Context

For the period of Machiavelli's youth see Nicolai Rubinstein, *The Government of Florence under the Medici 1434–1494* (Oxford, 1966). On the 1490s see Donald Weinstein, *Savonarola and Florence* (Princeton, 1963). On Machiavelli's political and diplomatic career see the section 'Machiavelli and the Republican Experience' – essays by Nicolai

Rubinstein, Elena Fasano Guarini, Giovanni Silvano, Robert Black, and John M. Najemy – in *Machiavelli and Republicanism*, ed. Gisela Bock, Quentin Skinner, and Maurizio Viroli (Cambridge, 1990), pp. 1–117. On the vicissitudes of the Florentine republic during Machiavelli's adult life see Rudolf von Albertini, *Firenze dalla repubblica al principato* (Turin, 1970), H. C. Butters, *Governors and Government in Early Sixteenth-Century Florence, 1502–1519* (Oxford, 1985), and J. N. Stephens, *The Fall of the Florentine Republic, 1512–1530* (Oxford, 1983).

The Intellectual Context

The essays collected in P. O. Kristeller, *Renaissance Thought*, 2 vols (New York, 1961–65) remain indispensable. For the fullest survey of the intellectual life of the period see *The Cambridge History of Renaissance Philosophy*, ed. Charles Schmitt, Eckhard Kessler, Quentin Skinner, and Jill Kraye (Cambridge, 1988). For the classic account of 'civic humanism' see Hans Baron, *The Crisis of the Early Italian Renaissance* (revised edn, Princeton, 1966). See also Donald J. Wilcox, *The Development of Florentine Humanist Historiography in the Fifteenth Century* (Cambridge, Mass., 1969) and Peter Godman, *From Poliziano to Machiavelli: Florentine Humanism in the High Renaissance* (Princeton, 1998). For surveys of the political theory of the period see Quentin Skinner, *The Foundations of Modern Political Thought*, 2 vols (Cambridge, 1978) and *The Cambridge History of Political Thought 1450–1700*, ed. J. H. Burns and Mark Goldie (Cambridge, 1991).

General Studies of Machiavelli's Political Thought

The fullest outline is Gennaro Sasso, *Niccolò Machiavelli I. Il pensiero politico* (Bologna, 1980). A classic work is Felix Gilbert, *Machiavelli and Guicciardini: Politics and History in Sixteenth-Century Italy* (revised edn, New York, 1984). Mark Hulliung, *Citizen Machiavelli* (Princeton, 1983) stresses Machiavelli's subversion of classical humanism. Leo Strauss, *Thoughts on Machiavelli* (Glencoe, Ill., 1958) views him as 'a teacher of evil'. The place of religion in Machiavelli's thought has been valuably reappraised in a symposium – with contributions by John H. Geerken,

Marcia L. Colish, Cary J. Nederman, Benedetto Fontana, and John M. Najemy – in the *Journal of the History of Ideas* 60 (1999), pp. 579–681. See also Anthony J. Parel, *The Machiavellian Cosmos* (New Haven, 1992).

Machiavelli's Political Vocabulary

J. H. Whitfield, 'On Machiavelli's Use of *Ordini*' in *Discourses on Machiavelli* (Cambridge, 1969), pp. 141–62. J. H. Hexter, '*Il Principe* and *lo stato*' in *The Vision of Politics on the Eve of the Reformation* (London, 1973), pp. 150–78. Russell Price, 'The Senses of *Virtú* in Machiavelli' in *European Studies Review* 4 (1973), pp. 315–45. Russell Price, 'The Theme of *Gloria* in Machiavelli' in *Renaissance Quarterly* 30 (1977), pp. 588–631. Victor A. Santi, *La 'Gloria' nel pensiero di Machiavelli* (Ravenna, 1979). Quentin Skinner, 'Machiavelli on the Maintenance of Liberty' in *Politics*, 18 (1983), pp. 3–15. Hanna Fenichel Pitkin, *Fortune is a Woman: Gender and Politics in the Thought of Niccolò Machiavelli* (Berkeley, Cal., 1984). Russell Price, 'Self-Love, "Egoism" and *Ambizione* in Machiavelli's Thought' in *History of Political Thought* 9 (1988), pp. 237–61. Harvey C. Mansfield, *Machiavelli's Virtue* (Chicago, 1996).

Machiavelli's Rhetoric

This has recently become a major focus of research. For pioneering studies see Nancy S. Struever, *The Language of History in the Renaissance: Rhetoric and Historical Consciousness in Florentine Humanism* (Princeton, 1970) and Brian Richardson, 'Notes on Machiavelli's Sources and his Treatment of the Rhetorical Tradition', *Italian Studies* 26 (1971), pp. 24–48. The first part of Victoria Kahn, *Machiavellian Rhetoric from the Counter-Reformation to Milton* (Princeton, 1994) considers the rhetoric of Machiavelli's *Prince* and *Discourses*. Quentin Skinner, 'Thomas Hobbes: Rhetoric and the Construction of Morality' in *Proceedings of the British Academy* 76, pp. 1–61, highlights Machiavelli's use of rhetorical redescription. Virginia Cox, 'Machiavelli and the *Rhetorica ad Herennium*: Deliberative Rhetoric in *The Prince*' in *Sixteenth Century Journal* 28 (1997) connects Machiavelli's vocabulary directly to the Roman *ars rhetorica*.

Maurizio Viroli, *Machiavelli* (Oxford, 1998) lays particular emphasis on the rhetorical character of Machiavelli's thought.

Studies of *The Prince*

Hans Baron, 'Machiavelli: The Republican Citizen and the Author of *The Prince*' in *The English Historical Review* 76 (1961), pp. 217–53. Felix Gilbert, 'The Humanist Concept of the Prince and *The Prince* of Machiavelli' in *History: Choice and Commitment* (Cambridge, Mass., 1977), pp. 91–114. Marcia Colish, 'Cicero's *De Officiis* and Machiavelli's *Prince*' in *Sixteenth Century Journal* 9 (1978), pp. 81–94. J. Jackson Barlow, 'The Fox and the Lion: Machiavelli Replies to Cicero' in *History of Political Thought* 20 (1999), pp. 627–45.

Studies of the *Discourses*

For a classic reading of the text and its context see J. G. A. Pocock, *The Machiavellian Moment: Florentine Political Thought and the Atlantic Republican Tradition* (Princeton, 1975), Part II, 'The Republic and its Fortune', pp. 81–330. On the broader setting of Machiavelli's republicanism see Maurizio Viroli, *From Politics to Reason of State: The Acquisition and Transformation of the Language of Politics, 1250–1600* (Cambridge, 1992). Harvey Mansfield, *Machiavelli's New Modes and Orders* (Ithaca, 1979) offers a chapter-by-chapter commentary. More specialized studies include Felix Gilbert, 'The Composition and Structure of Machiavelli's *Discorsi*' in *History: Choice and Commitment*, 1977, pp. 115–33; Felix Gilbert, 'Bernardo Rucellai and the Orti Oricellari: A Study on the Origin of Modern Political Thought' in *History: Choice and Commitment*, 1977, pp. 215–46; Quentin Skinner, 'Machiavelli's *Discorsi* and the Pre-humanist Origins of Republican Ideas' in *Machiavelli and Republicanism*, ed. Bock, Skinner, and Viroli, pp. 121–41.

Studies of *The History of Florence*

The fullest analysis is Gennaro Sasso, *Niccolò Machiavelli II. La storiografia* (Bologna, 1993). The following detailed studies are of particular importance: Felix Gilbert, 'Machiavelli's *Istorie Fiorentine*: An Essay in

Interpretation' in *History: Choice and Commitment*, 1977, pp. 135–53; John M. Najemy '*Arti* and *Ordini* in Machiavelli's *Istorie Fiorentine*' in *Essays Presented to Myron P. Gilmore* ed. Sergio Bertelli and Gloria Ramakus, 2 vols (Florence, 1978), pp. 161–91; Carlo Dionisotti, 'Machiavelli storico' in *Machiavellerie* (Turin, 1980), pp. 365–409 and Gisela Bock, 'Civil Discord in Machiavelli's *Istorie Fiorentine*' in *Machiavelli and Republicanism*, ed. Bock, Skinner and Viroli 1990, pp. 181–201.

“牛津通识读本”已出书目

古典哲学的趣味
人生的意义
文学理论入门
大众经济学
历史之源
设计，无处不在
生活中的心理学
政治的历史与边界
哲学的思与惑
资本主义
美国总统制
海德格尔
我们时代的伦理学
卡夫卡是谁
考古学的过去与未来
天文学简史
社会学的意识
康德
尼采
亚里士多德的世界
西方艺术新论
全球化面面观
简明逻辑学
法哲学：价值与事实
政治哲学与幸福根基
选择理论
后殖民主义与世界格局

福柯
缤纷的语言学
达达和超现实主义
佛学概论
维特根斯坦与哲学
科学哲学
印度哲学祛魅
克尔凯郭尔
科学革命
广告
数学
叔本华
笛卡尔
基督教神学
犹太人与犹太教
现代日本
罗兰·巴特
马基雅维里
全球经济史
进化
性存在
量子理论
牛顿新传
国际移民
哈贝马斯
医学伦理
黑格尔

地球
记忆
法律
中国文学
托克维尔
休谟
分子
法国大革命
民族主义
科幻作品
罗素
美国政党与选举
美国最高法院
纪录片
大萧条与罗斯福新政
领导力
无神论
罗马共和国
美国国会
民主
英格兰文学
现代主义
网络
自闭症
德里达
浪漫主义
批判理论

德国文学
戏剧
腐败
医事法
癌症
植物
法语文学
微观经济学
湖泊
拜占庭

儿童心理学
时装
现代拉丁美洲文学
卢梭
隐私
电影音乐
抑郁症
传染病
希腊化时代
知识

电影
俄罗斯文学
古典文学
大数据
洛克
幸福
免疫系统
银行学
景观设计学